Vom Einhorn und der schönen Melusine

VOM EINHORN UND DER SCHÖNEN MELUSINE

Liebesgeschichten und Zaubermärchen der Weltliteratur

Herausgegeben von Ursula Schulze
und Ulrich Mattejiet

Mit 11 Illustrationen
von Max Klinger (1857–1920)

Albatros

Bibliographische Information der Deutschen Nationalbibliothek
Die Deutsche Nationalbibliothek verzeichnet diese Publikation
in der Deutschen Nationalbibliographie;
detaillierte bibliographische Daten sind im Internet über
http://dnb.d-nb.de abrufbar.

Umschlaggestaltung: butenschoendesign.de
Umschlagmotiv: Unicorn with virgin im Palazzo Farnese
(© Araldo de Luca/CORBIS)
Printed in Germany
ISBN 978-3-491-96230-9
www.patmos.de

INHALT

VORWORT

O dieses ist das Tier, das es nicht giebt.
Sie wußtens nicht und habens jeden Falls
– sein Wandeln, seine Haltung, seinen Hals,
bis in des stillen Blickes Licht – geliebt.

Zwar *war* es nicht. Doch weil sie's liebten, ward
ein reines Tier. Sie ließen immer Raum.
Und in dem Raume, klar und ausgespart,
erhob es leicht sein Haupt und brauchte kaum

zu sein. Sie nährten es mit keinem Korn,
nur immer mit der Möglichkeit, es sei.
Und die gab solche Stärke an das Tier,

daß es aus sich ein Stirnhorn trieb. Ein Horn.
Zu einer Jungfrau kam es weiß herbei –
und war im Silber-Spiegel und in ihr.

Rainer Maria Rilkes Sonett vom Einhorn ruft ein Phantasiegebilde ins Bewußtsein, das zu den ältesten Symboltieren in den Kulturen des Orients und Okzidents gehört. Mit mythologischen und märchenhaften

Zügen ausgestattet, mit theologischer Bedeutung befrachtet, ist es ein Zeichen für den Umgang des Menschen mit der ihn umgebenden Natur – ein Umgang, der bis in die Gegenwart fortwirkt: Naturkunde ist abhängig vom Blick der Betrachtenden und von den Deutungen, die gesehenen oder vermeintlich geschauten Bildern unterlegt werden, außerdem gibt die Natur Raum für die Projektionen inneren Erlebens in die äußere Welt. Neben wilden und zahmen Tieren, die in neuzeitlichen Zoologischen Gärten versammelt sind, haben sich Vorstellungen von phantasiegeborenen Wesen entwickelt, von tier-menschlichen Zwittergestalten, die beiden Lebensbereichen verbunden sind. Sie hausen in den Elementen Wasser, Erde, Luft, in verborgenen Gefilden, sie besuchen die Menschen und ziehen sie zu sich hin. Dabei entfalten sie gute und böse Kräfte, wirken faszinierend, täuschen und lassen sich schwer einschätzen.

Das Hin und Her der Kraftströme von der Natur zum Menschen und aus Geist und Psyche zurück in die Außenwelt verdichtet sich nicht immer in animalischen Wesen oder künstlichen Gestalten, es kann auch in gesichtsloser Entgrenzung wirken. Vor allem der Liebesaffekt entfacht die Bewegung.

Ein Ensemble von Parabeln, Märchen und Erzählungen, die solche phantastischen Wesen und Kraftfelder literarisch gestalten, sind in dem vorliegenden Band versammelt. Die zeitliche und geographische Streuung (vom Mittelalter bis in die Gegenwart, aus verschiedenen Ländern) zeigt, daß es sich um ein Phänomen handelt, das zeit- und kulturübergreifend zur Sprache kommt.

Im Mittelalter gab es keine strikte Grenze zwischen wirklicher und imaginierter Natur. Der Kosmos, einschließlich der phantasiegeborenen Lebewesen, galt als ein »Bilderbuch«, aus dem man etwas über Gott und die Menschen herauslesen konnte. So wurden Blumen – nicht nur die Rose – und Tiere als Zeichen betrachtet. Ihre Deutung sieht nicht immer einhellig aus: Einmal bezeichnet das Einhorn Gott, ein andermal den Tod. Der Regensburger Domherr Konrad von Megenberg (14. Jahrhundert) deutet in seinem »Buch der Natur« das Tier traditionell heilsgeschichtlich; dabei kommt das namengebende Signum symbolisch voll zur Geltung, indem Gottes Erlösungsliebe durch den Schoß der Jungfrau vermittelt wird. Hugo von Trimberg, Rektor einer Bamberger Stiftsschule im 13. Jahrhundert, sieht in dem jagenden Wesen den unausweichlichen, die Menschen bedrohenden Tod.

In der Neuzeit hat das Einhorn, wie die Melusine und die Sirenen, seine mythische Energie verloren, aber die Autoren spielen weiter mit der markanten Zeichenhaftigkeit: Martin Walser hat es 1966 wegen seiner erotischen Symbolik zum Titel eines Romans gewählt. James Thurber († 1961 in New York) benutzt es im Kampf der Geschlechter zur Wahnsinnsdenunziation und zur Zerstörung des anderen, doch, abgesehen von der angefügten sprichworthaften Moral (»Wer andern eine Grube gräbt…«), tilgen in der Originalausgabe Thurbers täppische Karikaturen die Schärfe des kleinen Handlungskonstrukts.

Die verbreitete Mythe vom Werwolf (*wer* = der Mann), einem Menschen, der zeitweise Wolfsgestalt annimmt, spiegelt vielleicht etwas von dem Wesen des anpassungsfähigen Tieres, das heute als Stammvater des Haushundes gilt. Ohne die aufklärende Deszendenztheorie mußte das Raubtierhafte, wenn es aus dem vertrauten Gefährten hervorbrach, unheimlich und unerklärlich wirken. Die Vorstellung erscheint literarisch in verschiedenen Spielarten. Marie de France erzählt eine Variante, in welcher der Werwolf erst durch menschlichen Verrat, weibliche Untreue, gefährlich wird. Die gemeinschaftszerstörende Gefahr lauert im Innern der Menschen selbst, warnt die älteste französische Dichterin die Hofgesellschaft Heinrichs II. von England im 12. Jahrhundert.

Das Meer, für die Menschen gefährlich und nützlich zugleich und niemals beherrschbar, wurde seit Urzeiten mit bösen und guten Wesen bevölkert gedacht: Vorwiegend tauchen Wasserhexen und Nixen auf, *merwunder* weiblichen Geschlechts, auch wenn sie männliche Anverwandte haben. Verwandlungsfähige, fischschwänzige Schönheiten nehmen Beziehungen zu sterblichen Männern auf, doch eine letztlich uneinhaltbare Bedingung steht der Dauer der Ehe entgegen, wie bei der Meerfee Melusine. Von ihr leitet eine Sage den Ursprung des französischen Adelsgeschlechts der Lusignan her: Die Melusine beschert der Familie Reichtum und Nachkommen, muß aber die Menschenwelt wieder verlassen, weil ihr Gefährte verbotenerweise in das Geheimnis ihrer Andersartigkeit eindringt. Melusine hat verschiedenartige literarische Schwestern.

Das bretonische Märchen des Bandes thematisiert Verlockung und Gefahr, die von der reichen *Groac'h* in ihrem Unterwasserschloß ausgehen, doch ganz dem märchenhaften Erzählmodell gemäß zerstören »christlicher« Gegenzauber und weibliche Liebe ihre Macht.

In der kaukasischen Hafenstadt Taman mit ihren Schlammvulkanen läßt Michael Lermontow († 1841), der letzte russische Romantiker, einen Offizier einem Mädchen begegnen, die für ihn Züge Russalkas oder Undines annimmt. Unter dem Eindruck des düsteren Ortes und literarischer Reminiszenzen verzerrt sich die Wirklichkeit bis zum lebensbedrohlichen Ringen im Boot auf dem Meer. Doch die vermeintliche Meerjungfrau ist nur die Gehilfin eines Schmugglers, die ihre Existenz verteidigt.

An Fremden und Andersgläubigen Züge des Bösen zu sehen, ist eine geläufige Tendenz, die das Genre des Märchens ins Übermäßige steigert. So erscheint die heidnische Mohrin im spanischen Märchen vom »Baum der drei Orangen« hexenhaft. Durch Fluch und Zauber sucht sie vergeblich menschliche Nähe und geht grausam bestraft zugrunde.

Vom mythischen Gralsreich wird Hilfe für die Nöte der Menschen erhofft. Ein Inbild solcher helfenden Tat ist die Sage vom Gralsritter Lohengrin, den ein Schwan nach Brabant führt. Sein Aufenthalt bei den Menschen und damit sein Schicksal wie das seiner Frau Elsam hängen an der Wahrung des Frageverbots. Die Herkunft des Fremden aus fernem Land muß im Dunkel bleiben. Hier wie in verwandten Sagen – etwa von der Melusine aus dem Feenreich – hebt der Bruch des Tabus die Verbindung mit dem Wesen der anderen Sphäre wieder auf und chiffriert letztlich die Unmöglichkeit derartiger Kommunikation. Die im vorliegenden Band abgedruckte Schwanritter-Version ist den

»Deutschen Sagen« von Jacob und Wilhelm Grimm entnommen, die sie 1816 und 1818 auf die kurz vorher erschienenen »Kinder- und Hausmärchen« folgen ließen. Beide Sammlungen sind aus dem gleichen romantischen Impuls entstanden, deutsche Volkspoesie zu bewahren, und in beiden Fällen haben die Grimms das gesammelte Gut durch einen eigenen Stil belebend geprägt. Die Grimmsche Fassung der mittelalterlichen Sage gehört zu den Quellen von Richard Wagners Oper »Lohengrin« (1847).

Die Ausstrahlung einer fremden Welt vermitteln bisweilen auch Kunstgebilde vergangener Zeit. Heidnische Götterstatuen in der schönen Gestalt, die antike Bildhauer schufen, behalten – folgt man ihrem literarisierten Ruhm – über Jahrhunderte hinweg eine besondere Aura. Anders als in Joseph von Eichendorffs berühmtem »Marmorbild«, dessen Faszinationskraft die sinnliche Gefährdung des Menschen, speziell des Dichters, verdeutlicht, bringt »Die Venus von Ille« in Prosper Mérimées Novelle (1837) zwar den Tod, aber er trifft Menschen, die ihre Ausstrahlung eigentlich gar nicht gewürdigt haben. Nur aus Verlegenheit steckt Alphonse, der Bräutigam, der Statue den Ring an den Finger, um freie Hand zum Ballspiel zu haben; und sein Vater, ein archäologisierender Provinzler, hat die Bronzefigur zwar ausgegraben, vermag ihre Eigenarten aber gar nicht zu erkennen. In dem unheimlichen, unaufklärbaren Mord, dem Alphonse zum Opfer fällt, durchdringen sich die rationale und die phantastische Sphäre dieses *conte merveilleux*, der in der Nachfolge E. T. A. Hoffmanns steht, dessen Werke Mérimée ins Französische übertragen hatte.

Auch Eduard Mörike bedient sich in einem orientalisierenden Märchen eines Kunstgebildes, um Jenseitskräfte zu figurieren: Die verletzte Statue der verstorbenen Geliebten Jezerte übt Rache und gibt wohl eine Warnung, erinnerte Liebe anderer nicht eifersüchtig zu zerstören.

An der Schlange, die schon in der Alten Welt wegen ihrer Giftigkeit und List gefürchtet wurde, haftet in der jüdisch-christlichen Tradition ein höchst negativer Symbolgehalt. Die Schlange leitet den Sündenfall ein und verkörpert in der Apokalypse den Widersacher Gottes. Daneben kann sie – ungleich seltener – wegen ihrer Häutung und Klugheit auch zum Zeichen von Erneuerung und Glaubenstreue werden. Diesen Traditionen vage verbunden formuliert die ägyptische Schriftstellerin Alifa Rifaat (*1930) in der Begegnung einer Frau mit einer Schlange die Erfüllung erotischer Sehnsüchte, Momente höchsten Glücks, die das Leben des häuslichen Alltags zunehmend lähmen. Die Herkunft des unbeschreiblich schönen, überwältigenden Tieres wird umrätselt: ein Dschinn, ein Dämon, eine Traumgeburt? Die Ich-Erzählerin erlebt ein weibliches Wesen; der zu Rate gezogene Scheich erklärt dagegen die Schlange für männlich: einer der Könige der Erde. Trotz der Flucht vom Ort der Begegnung, einem Haus am Kanal, geht die andere Welt nicht verloren, sie wirkt in der Sehnsucht fort. Hier drängt sich ein biographischer Bezug auf. Für Alifa Rifaat ist das Schreiben eine Erfüllung, die mit ihrer sozialen Existenz kollidierte.

In Robert Musils »Grigia«, einer 1921 entstandenen Erzählung der Trilogie »Drei Frauen«, nimmt die andere Welt keine tierhaften Züge an. Homo, ein Vorfahre des »Mannes ohne Eigenschaften«, sucht der »beweglichen, singulären, irrationalen« Dimension des Innern, die dem Verstand unzugänglich ist, in der äußeren Welt zu begegnen. Innen und außen durchdringen sich in fremden, unkontrollierbaren, aber letztlich immer wieder reflektierten Bildern eines norditalienischen Gebirgstals im Frühling. Grigia, die Graue (sie trägt den Namen ihrer Kuh), mit ihrer halbverständlichen Sprache und ihrem naturhaften Körper wird für Homo zum Medium seines Identitätsverlusts und zum tödlichen Verhängnis.

Thematisch besitzen die hier zusammengestellten Geschichten einen gemeinsamen Nenner: Wenn im literarischen Spiel die Grenzen zur Welt der Natur und der Phantasie überschritten werden, geht es um Bereicherung und Gefährdung einzelner Personen, um Selbstbewahrung und Selbstverlust. In unterschiedlichen literarischen Genres spiegeln die Texte Stufen der Imagination, anscheinend naiv oder diffizil, auf jeden Fall reizvoll zu lesen.

Ursula Schulze

Bretonisches Märchen

DIE GROAC'H VON DER INSEL LOK

In alten Zeiten, als die Wunder in der Bretagne so alltäglich waren, wie es heute Taufen und Begräbnisse sind, lebten in Lanillis ein Jüngling namens Huarn Pogamm und ein junges Mädchen namens Bellah Postik.

Die beiden waren nach althergebrachter Sitte versippt, das heißt, ihre Mütter hatten sie in derselben Wiege gewiegt und sie von klein auf so erzogen, wie es üblich ist, wenn Kinder eines Tages – so Gott will – Mann und Frau werden sollen.

So wuchsen auch Huarn und Bellah heran und waren einander von ganzem Herzen zugetan. Dann aber starben ihre Eltern kurz hintereinander und hinterließen den beiden Waisen kein Erbe; so blieb den Kindern nichts anderes übrig, als bei dem gleichen Herrn in Dienst zu treten.

Sie hätten dabei glücklich sein können, aber Verliebte sind wie das Meer, das immer klagen muß.

»Wenn wir wenigstens genug hätten, um uns eine kleine Kuh und ein mageres Ferkelchen kaufen zu können«, sagte Huarn, »dann würde ich unserem Herrn ein Stückchen Land abpachten, der Pfarrer würde uns verheiraten, und wir könnten glücklich miteinander leben.«

»Ja«, erwiderte Bellah mit einem tiefen Seufzer, »aber wir leben in so harten Zeiten! Beim letzten Markt in Ploudalmeso sind die Kühe und die Schweine noch teurer geworden. Gott kümmert sich nicht mehr um den Lauf der Welt.«

»Ich fürchte, wir werden noch lange warten müssen«, klagte der junge Bursche von neuem, »denn niemals bin ich es, der die Flasche leert, wenn ich in der Herberge mal ein Gläschen mit meinen Freunden trinke.«

»Ja, sehr lange«, erwiderte das Mädchen, »denn es ist mir nicht ein einziges Mal geglückt, den Kuckuck rufen zu hören!«

Tag für Tag begannen diese Klagen von neuem, bis Huarn schließlich die Geduld verlor. Eines Morgens kam er zu Bellah, die gerade dabei war, in der Tenne Korn zu dreschen, und sagte ihr geradeheraus, daß er fort wolle, um sein Glück zu suchen. Das junge Mädchen war sehr betrübt und tat alles, was es konnte, um ihn zurückzuhalten, aber Huarn, der ein entschlossener Bursche war, wollte nicht auf Bellah hören.

»Die Vögel fliegen so lange geradeaus, bis sie ein Kornfeld finden, und die Bienen, bis sie Blumen finden, um ihren Honig zu saugen; ein Mensch kann doch nicht weniger Verstand haben als die fliegenden Tiere! Auch ich will überall suchen nach dem, was mir fehlt, das heißt, nach dem Geld für eine kleine Kuh und für ein mageres Ferkelchen. Wenn Du mich liebst, Bellah, wirst Du Dich nicht länger einem Plan widersetzen, der unsere Heirat beschleunigen soll.«

Das junge Mädchen sah ein, daß es nachgeben mußte, und obgleich sein Herz sich umdrehte, sagte es zu Huarn: »Wenn es denn sein muß, dann geh, und Gott behüte Dich! Aber bevor Du gehst, will ich das Beste vom Erbe meiner Eltern mit Dir teilen.«

Dann führte Bellah den Jüngling an ihren Schrank und nahm ein Glöckchen, ein Messer und einen Stab heraus.

»Diese drei Reliquien sind immer im Besitz meiner Familie gewesen«, sagte sie. »Hier ist zunächst das Glöckchen des heiligen Koledok; es hat einen Klang, der aus jeder Entfernung zu hören ist und unseren Freunden anzeigt, wenn wir uns in Gefahr befinden. Das Messer hat dem heiligen Corentin gehört, und alles, was es berührt, wird von der Macht der Zauberer und der Dämonen befreit. Und schließlich dieser Stab: der heilige Vuga hat ihn getragen. Er führt einen dorthin, wohin man will. Ich gebe Dir das Messer, um Dich gegen Zaubermacht zu schützen, und das Glöckchen, um mir anzuzeigen, wenn Dir Gefahr droht; ich aber behalte den Stab, um Dir zu Hilfe zu eilen, falls Du sie brauchen solltest.«

Huarn dankte seiner Braut, weinte ein wenig mit ihr, wie es sich gehört, wenn man Abschied nimmt, dann ging er in der Richtung der Berge davon.

Aber es war damals, wie es heute ist: in allen Dörfern, durch welche Huarn kam, wurde er von Bettlern verfolgt, die ihn für einen Herrn hielten, weil er heile Hosen hatte.

›Wirklich‹, dachte er, ›dies ist ein Land, in dem ich mehr Gelegenheit habe, Geld auszugeben, als welches zu verdienen. Ich muß weiterziehen.‹

Er setzte also seinen Weg fort und stieg zur Küste hinunter, bis er nach Pont-Aven kam, einem hübschen Städtchen an einem Fluß, dessen Ufer mit Pappeln bewachsen sind.

Als er dort vor der Tür der Herberge saß, hörte er zwei Salzsieder, die sich beim Beladen ihrer Maulesel unterhielten und von der Groac'h der Ile de Lok sprachen. Huarn fragte, was das sei; sie antworteten ihm, so nenne man eine Melusine, die in dem See der größten der Glenan-Inseln wohne und von der es heiße, sie sei ganz allein so reich wie alle Könige zusammen. Viele Leute wären schon auf die Insel gefahren, um in den Besitz dieser Schätze zu gelangen, aber keiner wäre zurückgekehrt.

Sofort kam Huarn der Gedanke, auch dorthin zu fahren, um sein Glück zu versuchen. Die Maultiertreiber gaben sich Mühe, ihn von dem Plan abzubringen. Sie hetzten sogar das ganze Volk ringsumher auf und riefen, Christen dürften nicht zulassen, daß ein Mensch geradenwegs seinem Unglück in die Arme laufe. Und man versuchte, den Jüngling mit Gewalt zurückzuhalten. Er dankte für das Interesse und erklärte sich bereit, von seinem Plan abzulassen, wenn man eine Sammlung veranstaltete, deren Erlös ihm gestatten würde, eine kleine Kuh und ein mageres Ferkelchen zu kaufen, aber bei diesem Vorschlag zogen sich die Maultiertreiber und die anderen zurück; sie sagten aber noch einmal, er wäre ein Starrkopf und es sei eben nichts mit ihm zu machen.

Huarn begab sich also an die Meeresküste zu einem Schiffer, der ihn auf die Ile de Lok brachte.

Mühelos fand er mitten auf der Insel den Weiher,

dessen Ufer ringsum mit rosa blühendem Seegras bewachsen ist. Bei einem Rundgang sah er an einem der äußersten Enden des Sees, im Schatten eines Ginstergebüsches, ein meerfarbenes Boot, das auf dem stehenden Wasser lag. Dieses Boot hatte die Form eines schlafenden Schwanes, der den Kopf unter den Flügeln verbarg. Huarn, der nie dergleichen gesehen hatte, trat neugierig näher und stieg in das Boot, um es besser betrachten zu können. Kaum aber hatte er den Fuß hineingesetzt, als der Schwan erwachte: sein Kopf erhob sich aus den Federn, seine breiten Füße streckten sich im Wasser aus, und plötzlich entfernte er sich vom Ufer.

Der Jüngling stieß einen Schrei des Entsetzens aus, aber der Schwan schwamm nur noch schneller der Mitte des Weihers entgegen. Huarn wollte sich ins Wasser werfen, um schwimmend das Ufer zu erreichen; da steckte der Vogel seinen Schnabel ins Wasser und tauchte, indem er Huarn mit hinabriß.

Huarn konnte nicht schreien, ohne das stinkige Seewasser zu schlucken; so mußte er schweigen und gelangte in die Wohnung der Melusine.

Es war ein Muschelpalast, der alles übertraf, was man sich nur vorstellen kann. Über eine kristallene Treppe kam man hinein. Sie war so gemacht, daß jede Stufe, sobald man den Fuß daraufsetzte, wie ein Vogel des Waldes sang. Ringsumher breiteten sich riesige Gärten aus; dahinter wuchsen Wälder aus Wasserpflanzen, von grünen Algenwiesen unterbrochen, die an Stelle von Blumen mit Diamanten übersät waren. In dem ersten Saal des Schlosses lag auf einem goldenen Lager die Melusine. Sie trug ein meergrünes Gewand, das sich zart und weich wie eine Wolke um ihren Körper schmiegte; ihre schwarzen Haare waren mit Korallen durchflochten und fielen ihr bis auf die Füße hinab, und ihr Gesicht, dessen Haut weiß und rosa schimmerte, sah in seinem Glanz dem Innern einer Muschel ähnlich. Huarn, geblendet von dem Anblick eines so schönen Geschöpfes, blieb stehen. Aber die Wasserfee erhob sich und trat ihm lächelnd entgegen.

Ihr Gang war so leicht, daß man an die weißen Schaumkämme erinnert wurde, die über das Meer gleiten. Sie begrüßte den Jüngling: »Sei willkommen«, sagte sie mit einladender Gebärde. »Hier ist immer Platz für Fremde und für schöne Burschen.«

Beruhigt trat der Jüngling ein.

»Wer bist Du, woher kommst Du, und was machst Du?« fuhr die Melusine fort.

»Mein Name ist Huarn«, erwiderte er. »Ich komme aus Lanillis und bin auf der Suche nach einem Erwerb, um eine kleine Kuh und ein mageres Ferkelchen kaufen zu können.«

»Je nun, komm nur herein, Huarn«, sagte die Fee, »und mach Dir keine Sorgen mehr; denn Du sollst alles haben, was Dir gefällt.«

Sie hatte ihn in einen zweiten Saal geführt, der ganz mit Perlen ausgelegt war. Dort reichte sie ihm acht Sorten Wein in acht reichverzierten Silberbechern. Huarn probierte die acht Weine und fand sie so gut, daß er noch achtmal von jeder Sorte trank, und bei jedem Schluck fand er die Melusine schöner.

Diese sprach ihm Mut zu und sagte ihm, er solle nur ja keine Furcht haben, sie zugrunde zu richten, da der See der Insel Lok einen Zugang zum Meer habe, durch welchen alle Reichtümer, die das Meer von den untergegangenen Schiffen verschlinge, durch eine Zauberströmung zu ihr gelangten.

»Bei meinem Heil«, sagte Huarn, den der Wein sehr fröhlich stimmte, »jetzt wundert es mich nicht mehr, wenn die Leute von der Küste Euch schlechtmachen; so reiche Leute wie Ihr haben immer Neider; was mich betrifft, so würde ich mich mit der Hälfte Eures Reichtums begnügen.«

»Das kannst Du haben, wenn Du willst, Huarn«, sagte die Fee.

»Aber wie?« fragte er.

»Mein Mann war der Korandon; ich bin seine Witwe«, fuhr sie fort, »und wenn ich Dir gefalle, werde ich Deine Frau.«

Huarn war tief ergriffen von dem, was er hörte. Er sollte die Groac'h heiraten, die so schön war, die einen so reichen Palast besaß und die einem acht Sorten Wein auftischte, von denen man trinken konnte, soviel man wollte! ... Es ist wahr, er hatte eigentlich Bellah versprochen, sie zu heiraten; aber die Männer vergessen leicht diese Art von Versprechen: sie sind darin wie die Frauen.

So gab er der Fee höflich zur Antwort, daß sie nicht geschaffen sei, um abgewiesen zu werden, und daß es ihm eine Freude und eine Ehre sei, ihr Gatte zu werden.

Da rief die Groac'h, daß sie unverzüglich das Willkommensmahl zubereiten wolle. Sie brachte alles auf den Tisch, was Huarn als das Allerbeste kannte, und außerdem viele Gerichte, die er nicht kannte; dann ging sie zu einem kleinen Fischteich, der sich hinten im Garten befand, und rief: »He! Prokurator! He! Müller! He! Schneider! He! Kantor!«

Und bei jedem Ruf kam ein Fisch herbeigeschwommen, den sie in ein Stahlnetz warf.

Als das Netz voll war, ging sie in einen Nebenraum und warf alle Fische in eine goldene Pfanne.

Da aber schien es Huarn, als hörte er im Brutzeln der bratenden Fische leise Stimmen flüstern.

»Was flüstert denn da unter der goldenen Pfanne, Groac'h?« fragte er.

»Es ist das Holz, welches so knistert«, sagte sie, indem sie das Feuer schürte.

Alsbald aber begannen die leisen Stimmen von neuem zu murmeln.

»Was murmelt denn da so, Groac'h?« fragte der Jüngling.

»Es ist das Bratenfett, welches schmilzt«, erwiderte sie, indem sie die Fische ordentlich schmoren ließ.

Bald aber riefen die Stimmen lauter.

»Was ruft denn da, Groac'h?« fragte Huarn weiter.

»Es ist das Heimchen am Herd«, erwiderte die Fee, während sie so laut sang, daß Huarn nichts mehr hörte.

Aber was geschehen war, hatte ihm zu denken gegeben, und da es ihm unheimlich zumute wurde, meldete sich auch das Gewissen.

»Jesus Maria«, sagte er zu sich selbst, »ist es möglich, daß ich Bellah so schnell um einer Groac'h willen vergessen habe, die wahrscheinlich die Tochter eines Dämons ist? Mit dieser Frau würde ich nicht einmal wagen, meine Abendgebete zu sprechen, und wäre sicher, in die Hölle zu kommen wie die Schweinezungen-Beschauer.«

Während er so zu sich selbst sprach, hatte die Fee die gebratenen Fische aufgetragen und drängte ihn, zu essen; zugleich sagte sie, sie wolle ihm zwölf neue Weinsorten holen.

Huarn zog seufzend sein Messer aus der Tasche und wollte mit der Mahlzeit beginnen; kaum aber hatte die Klinge, welche den Zauber zerstört, den goldenen Teller berührt, als alle Fische sich aufrichteten und wieder kleine Menschen wurden: jeder trug das Kleid seines Standes. Da war ein Prokurator mit Beffchen, ein Schneider mit violetten Strümpfen, ein mehlbestaubter Müller, ein Kantor im Chorhemd, und alle schrien zugleich, während sie im Bratenfett schwammen: »Huarn, rette uns, wenn Du selbst gerettet werden willst!«

»Heilige Jungfrau! wer sind diese Männchen, die in der zerlassenen Butter so schreien?« rief Huarn bestürzt.

»Wir sind Christen wie Du«, erwiderten sie, »auch wir waren auf die Insel Lok gekommen, um unser Glück zu versuchen; wir haben eingewilligt, die Groac'h zu heiraten, und am Tage nach der Hochzeit hat sie uns genauso behandelt wie unsere Vorgänger, die in dem großen Fischteich sind.«

»Was!« rief Huarn, »eine so junge Frau ist schon die Witwe aller dieser Fische?«

»Und Du wirst bald in demselben Zustand sein und ebenso wie wir Gefahr laufen, von den Neuangekommenen gebraten und gegessen zu werden!«

Huarn machte einen Sprung, als fühlte er sich schon in der goldenen Pfanne, und lief auf die Tür zu, nur von dem einen Gedanken beseelt zu entfliehen, bevor die Groac'h zurückkehrte. Diese aber trat gerade herein und hatte alles gehört. Sie warf ihr Stahlnetz über Huarn, der sich augenblicklich in einen Frosch verwandelte; dann trug sie ihn in den Fischteich, in dem sich bereits ihre anderen Ehemänner befanden. Im gleichen Augenblick aber läutete das Glöckchen, welches Huarn um den Hals trug, von selbst, und Bellah hörte es in Lanillis, wo sie gerade dabei war, die Milch vom Vortage abzurahmen. Dieser Klang war für sie wie ein Stich ins Herz. Sie stieß einen Schrei aus und rief: »Huarn ist in Gefahr!«

Und ohne länger zu warten, ohne jemanden um Rat zu fragen, zog sie schnell ihre Kleider und ihre Schuhe für das Hochamt an, legte ihr Silberkreuz um und verließ den Bauernhof mit ihrem Zauberstab in der Hand.

Am Kreuzweg angelangt, stieß sie den Stab in den Boden und murmelte dabei:

»Des heiligen Vuga gedenke,
Du, Apfelstab, und lenke
mich über Stock und Stein,
durch Wasser, Wolken, Luft,
wohin mich das Glöckchen ruft!«

Auf der Stelle verwandelte sich der Stab in ein rotes Pferdchen des heiligen Thegonec, gestriegelt, gesattelt und aufgezäumt, mit einer Schleife an jedem Ohr und einer blauen Feder auf dem Kopf.

Entschlossen stieg Bellah auf. Das Pferdchen ging zuerst im Schritt, dann lief es im Trab und schließlich im Galopp, so geschwind, daß die Gräben, die Bäume, die Häuser, die Kirchtürme vor Bellahs Augen vorüberzogen wie die Arme einer Garnwinde. Aber sie klagte nicht, da sie ja wußte, daß jeder Sprung sie ihrem geliebten Huarn näherbrachte, im Gegenteil, sie spornte das Pferdchen noch an, indem sie in einem fort wiederholte: »Das Pferd ist nicht so schnell wie die Schwalbe, die Schwalbe ist nicht so schnell wie der Wind, der Wind ist nicht so schnell wie der Blitz; Du aber, mein Pferdchen, wenn Du mich liebst, dann mußt Du schneller voran als sie alle, denn ein Teil meines Herzens leidet: der bessere Teil meines Herzens, der in Gefahr ist.«

Das Pferdchen hörte, was Bellah sagte, und lief wie ein Strohhalm, der vom Wirbelwind davongetragen wird, so daß es alsbald den Fuß des Arrès-Felsens erreichte, den man den Hirschsprung nennt.

Dort aber hielt es an, denn noch nie hatte ein Pferd oder eine Stute diesen Felsen erklommen. Bellah, die verstand, warum das Pferdchen stillstand, begann von neuem:

»Des heiligen Vuga gedenke,
Pferdchen aus Léon, und lenke
mich über Stock und Stein,
durch Wasser, Wolken, Luft,
wohin mich das Glöckchen ruft.«

Kaum hatte Bellah diese Worte gesprochen, da wuchsen Flügel aus den Flanken ihres Reittieres, das ein riesiger Vogel wurde und sie auf den Gipfel des Berges trug. Auf diesem Gipfel befand sich ein Nest aus Töpfererde, mit trockenem Moos ausgelegt. Darauf hockte ein kleiner Korandon, ein Zwerg, der war ganz schwarz und verrunzelt, und als er Bellah sah, rief er: »Da ist ja das hübsche Mädchen, das mich erretten will!«

»Dich erretten?« fragte Bellah. »Wer bis Du denn, kleiner Mann?«

»Ich bin Jeannik, der Mann der Groac'h von der Insel Lok; sie hat mich hierhergeschickt.«

»Aber was hast Du auf diesem Nest zu schaffen?«

»Ich brüte sechs steinerne Eier aus, und erst wenn sie ausgebrütet sind, bekomme ich meine Freiheit wieder.«

Da mußte Bellah lachen. »Armes, liebes Hähnchen«, sagte sie, »und wie könnte ich Dich befreien?«

»Indem Du Huarn erlöst, der in der Macht der Groac'h ist.«

»Ach!« rief da die Waise, »sage mir, was ich tun muß! Und wenn ich auf den Knien um alle vier Bistümer rutschen müßte, so würde ich mich sofort auf den Weg machen.«

»Nun denn, zwei Dinge sind vonnöten«, sagte der Korandon. »Zuerst mußt Du Dich der Groac'h in Gestalt eines Jünglings vorstellen; dann mußt Du ihr das Stahlnetz entwenden, welches sie an ihrem Gürtel trägt, und mußt sie darin einsperren bis zum Jüngsten Gericht.«

»Und wo finde ich ein Jünglingsgewand, das mir paßt, geliebter Korandon?«

»Das sollst Du gleich erfahren, hübsches Mädchen.«

Bei diesen Worten riß sich der Zwerg vier seiner roten Haare aus und blies sie in den Wind, indem er ganz leise etwas murmelte. Da wurden die vier Haare vier

Schneider; der erste hielt einen Kohl in der Hand, der zweite eine Schere, der dritte eine Nadel und der vierte ein Eisen.

Alle vier setzten sich mit gekreuzten Beinen um das Nest und machten sich daran, Bellah vollständig einzukleiden. Aus dem ersten Kohlblatt machten sie einen schönen Leibrock, dessen Nähte alle gesteppt waren; ein anderes Kohlblatt lieferte eine Weste; aber zu den weiten Hosen, die in Léon modern sind, waren zwei Blätter nötig. Schließlich wurde aus dem Innern des Kohlkopfes ein Hut geformt, und aus dem Strunk entstanden Schuhe.

Als Bellah diese Tracht aus grünem Samt mit Futter aus weißer Seide anlegte, hätte man sie für einen Edelmann halten können.

Sie dankte dem Korandon, der ihr noch einige Verhaltensmaßregeln gab. Dann trug sie ihr großer Vogel in einem Zuge auf die Insel Lok. Dort befahl sie ihm, sich in den Apfelstab zurückzuverwandeln, und stieg in das Boot, welches die Gestalt eines Schwanes hatte. Sofort wurde sie in den Palast der Groac'h geführt.

Als die Fee den samtgekleideten Jüngling aus Léon sah, war sie entzückt.

»Bei Satan, meinem Vetter«, sagte sie zu sich selbst, »dies ist der schönste Bursche, der sich je bei mir gezeigt hat, und ich glaube, den werde ich dreimal drei Tage lieben.«

Also tat sie sehr schön mit Bellah und nannte sie »mein Liebling« und »mein Herzchen«. Sie trug ihr einen Imbiß auf, und Bellah sah auf dem Tisch das Messer des heiligen Corentin, welches Huarn dort gelassen hatte. Sie nahm es an sich, um es bei Gelegenheit zu benutzen; dann folgte sie der Groac'h in den Garten.

Diese zeigte ihr die Rasenplätze, die mit Diamanten wie mit Blumen übersät waren, die lavendelduftenden Wasserspiele und vor allem den Fischteich, in dem die tausendfarbenen Fische umherschwammen.

Bellah schien so bezaubert von diesen Fischen, daß sie sich auf den Rand des Bassins setzte, um sie besser betrachten zu können.

Die Melusine benutzte Bellahs Verzücktheit, um sie zu fragen, ob es ihr gefallen würde, immer in ihrer Gesellschaft zu bleiben. Worauf Bellah erwiderte, daß sie sich nichts Besseres wünschen könne.

»So würdest Du also einverstanden sein, mich sofort zu heiraten?« fragte die Fee.

»Ja«, erwiderte Bellah, »unter der Bedingung, daß Du mir erlaubst, einen dieser schönen Fische mit dem Stahlnetz zu fischen, welches Du an Deinem Gürtel trägst.«

Die Groac'h, die keinen Verdacht hegte, hielt diesen Wunsch für eine Laune des Jünglings; sie reichte Bellah das Netz und sagte lächelnd: »Laß sehen, schöner Fischer, was Du fangen wirst.«

»Ich fange den Teufel!« rief Bellah, indem sie der Groac'h das offene Netz über den Kopf warf. »Im Namen des Erlösers der Menschen, verfluchte Hexe, Dein Körper soll werden, was Deine Seele ist!«

Die Groac'h konnte nur einen Schrei ausstoßen, der in einem erstickten Murmeln endete; denn der Wunsch des jungen Mädchens war erfüllt: die schöne Wasserfee war nur noch die scheußliche Königin der Pilze.

Schnell zog Bellah das Netz zusammen und warf es in einen Brunnen, auf welchen sie einen Stein legte, in den das Zeichen des Kreuzes geschnitten war, damit er sich erst am Tage des Jüngsten Gerichtes mit den Steinen der Gräber erheben könne.

Dann kehrte Bellah schnell an den Fischteich zurück. Aber alle Fische waren schon herausgestiegen und kamen ihr entgegen wie eine buntscheckige Mönchsprozession. Sie riefen mit ihren rauhen Stimmchen: »Da ist er, unser Herr und Meister, der uns von dem Stahlnetz und der goldenen Pfanne erlöst hat!«

»Und zugleich wird er Euch Eure Christengestalt zurückgeben«, sagte Bellah und zog das Messer des heiligen Corentin hervor. Aber als sie den ersten Fisch berühren wollte, bemerkte sie dicht vor sich einen grünen Frosch, der um den Hals das Zauberglöckchen trug und schluchzend auf den Knien lag, während er beide Vorderfüßchen auf sein kleines Herz legte.

Bellah fühlte einen Stich im Herzen und rief: »Bist Du es, bist Du es, mein kleiner Huarn, König meiner Freude und meiner Sorge?«

»Ich bin es!« erwiderte der Jüngling in Froschgestalt.

Sofort berührte Bellah ihn mit der Klinge, die sie in der Hand hielt, und Huarn nahm seine wahre Gestalt wieder an. Beide umarmten einander, während das eine Auge um die Vergangenheit weinte und das andere um die Gegenwart.

Dann tat Bellah dasselbe für alle Fische, die sich zurückverwandelten in das, was sie gewesen waren.

Als sie beinahe am Ende war, kam der kleine Korandon vom Hirschfelsen in seinem Nest angefahren wie in einer Karosse, von sechs großen Maikäfern gezogen, die aus den sechs steinernen Eiern ausgekrochen waren.

»Da bin ich, hübsches Mädchen!« rief er Bellah zu, »der Zauber, der mich auf dem Felsen festhielt, ist gebrochen, und ich komme, um Dir zu danken; denn aus einer Henne hast Du einen Menschen gemacht.«

Dann führte er die beiden Liebenden an die Truhen der Groac'h, die bis an den Rand mit Edelsteinen gefüllt waren, und sagte, sie sollten sich davon nehmen, soviel sie wollten.

Beide füllten ihre Taschen, ihre Gürtel, ihre Hüte, ja, sogar ihre weiten Léoner Hosen, soviel nur hineinging; dann, als sie so viel hineingestopft hatten, wie sie nur tragen konnten, befahl Bellah ihrem Stab, ein geflügelter Wagen zu werden, groß genug, um sie mit allen, die sie befreit hatte, nach Lanillis zu führen.

Dort wurde ihr Aufgebot ausgehängt, und Huarn heiratete Bellah, wie er es sich schon so lange gewünscht hatte. Nur, anstatt eine kleine Kuh und ein mageres Ferkelchen zu kaufen, kaufte er alles Land der Gemeinde und siedelte dort als Bauern alle Leute an, die er von der Insel Lok mitgebracht hatte.

Michail Lermontow

TAMAN

Taman ist die abscheulichste Küstenstadt Rußlands. Ich bin dort beinahe Hungers gestorben, und obendrein wollte man mich dort noch ertränken. In tiefer Nacht kam ich mit der Post an. Der Kutscher hielt mit dem müden Dreigespann vor dem Tor des einzigen Steingebäudes, das am Stadtrand steht. Der Wachtposten, ein Schwarzmeerkosak, den die Ziehglocke aufgestört hatte, raunzte schlaftrunken: »Wer ist da?« Ein Kosakenunteroffizier und ein Gefreiter kamen heraus. Ich erklärte ihnen, daß ich Offizier sei und aus dienstlichen Gründen zur kämpfenden Truppe führe, und verlangte Quartier. Der Gefreite führte uns durch die Stadt. Vor welcher Hütte wir auch halten mochten, alle waren belegt. Es war kalt, ich hatte drei Nächte nicht geschlafen, war abgespannt und wurde wütend. »Schaff mich sonstwohin, Kerl, meinetwegen zum Teufel, aber ich will endlich ein Dach überm Kopf haben!« rief ich.

»Es gäbe schon ein Quartier«, antwortete der Gefreite und kratzte sich dabei im Nacken, »bloß es wird Euer Wohlgeboren nicht gefallen, dort ist es nicht geheuer.«

Ohne den Sinn seiner letzten Worte zu erfassen, hieß ich ihn vorauszugehen, und nach langem Umherirren durch schmutzige Gassen, in denen ich zu beiden Seiten nichts als baufällige Zäune sah, hielten wir vor einer kleinen Hütte unmittelbar an der Küste.

Der Vollmond schien auf das Schilfdach und die weißen Wände meiner neuen Behausung. Auf dem Hof, der von einer Feldsteinmauer eingefaßt war, stand eine zweite windschiefe Hütte; sie war noch kleiner und älter. Gleich hinter der Mauer der Hütte fiel das Ufer steil zur See ab, und aus der Tiefe quoll das unaufhörliche Gemurmel und Geplätscher der dunkelblauen Wellen. Der Mond blickte still auf das unruhige, ihm doch so willfährige Element herab, und ich konnte in seinem Schein weit draußen zwei Schiffe erkennen, deren schwarzes Takelwerk sich wie ein Spinngewebe am blassen Horizont abzeichnete. Es liegen Schiffe im Hafen, dachte ich, morgen fahre ich weiter nach Gelendshik.

Mein Bursche war ein Linienkosak. Nachdem ich ihm befohlen hatte, den Koffer herunterzuheben und den Kutscher zu entlassen, rief ich nach dem Wirt – Stille; ich klopfte – Stille. Was hat das zu bedeuten? Endlich kam ein vierzehnjähriger Junge aus einem Winkel gekrochen.

»Wo ist dein Vater?« – »Habe keinen.« – »Wieso? Überhaupt keinen?« – »Überhaupt keinen.« – »Und die Mutter?« – »Ist in die Vorstadt gegangen.« – »Wer wird mir da aufschließen?« fragte ich und trat gegen die Tür. Sie ging von selber auf; Feuchtigkeit schlug mir entgegen. Ich zündete ein Schwefelholz an, hielt es dem Jungen unter die Nase und – blickte in zwei weiße

Augen. Er war blind, völlig blind, von Geburt an. Regungslos stand er vor mir, und ich betrachtete seine Gesichtszüge.

Ich gestehe, ich bin sehr voreingenommen gegen alle Blinden, Einäugigen, Tauben, Stummen, Einbeinigen, Einarmigen, Buckligen und so weiter. Ich habe beobachtet, daß stets ein eigenartiger Zuammenhang zwischen dem Äußeren eines Menschen und seiner Seele besteht; es ist, als erlitte bei dem Verlust eines Gliedes auch die Seele Einbuße.

Also musterte ich das Gesicht des Blinden; aber was kann man schon in einem Gesicht lesen, das keine Augen hat? Lange betrachtete ich ihn mit unwillkürlichem Mitleid. Auf einmal huschte, kaum wahrnehmbar, über seine schmalen Lippen ein Lächeln, das – ich weiß nicht, warum – höchst unangenehm auf mich wirkte. Ich schöpfte den Verdacht, dieser Blinde sei gar nicht so blind, wie er tat; vergeblich suchte ich mich zu überzeugen, daß der graue Star nicht vorgetäuscht werden könne. Und wozu auch? Doch was tun? Ich neige des öfteren zu Vorurteilen …

»Bist du der Sohn des Hauses?« fragte ich ihn endlich. – »Nein.« – »Wer bist du denn?« – »Ein armes Waisenkind.« – »Hat die Frau Kinder?« – »Nein; eine Tochter war da, die ist mit einem Tataren übers Meer gegangen.« – »Mit was für einem Tataren?« – »Der Teufel weiß es! Ein Krimtatare, ein Schiffer aus Kertsch.«

Ich trat in die Hütte. Zwei Bänke, ein Tisch und eine riesige Truhe neben dem Ofen waren die ganze Einrichtung. An der Wand hing kein einziges Heiligenbild – ein böses Zeichen! Durch die zersprungenen

Scheiben wehte der Seewind herein. Ich holte einen Kerzenstummel aus meinem Koffer, zündete ihn an und packte meine Sachen aus. Säbel und Gewehr stellte ich in die Ecke, die Pistolen legte ich auf den Tisch, dann breitete ich meine Burka auf der einen Bank aus, der Kosak die seine auf der anderen; und schon nach zehn Minuten schnarchte er, ich aber konnte nicht einschlafen, mir stand in der Finsternis noch immer das Bild des blinden Jungen vor Augen.

So verging ungefähr eine Stunde. Der Mond schien zum Fenster herein, und sein Licht spielte auf dem Lehmboden der Hütte. Plötzlich glitt ein Schatten über den hellen Streifen, der den Fußboden durchschnitt. Ich richtete mich auf und spähte zum Fenster hinaus; jemand lief zum zweitenmal vorüber und verschwand weiß Gott wohin. Ich hielt es für unwahrscheinlich, daß dieses Wesen den Steilhang am Ufer hinabgelaufen war; wohin hätte es aber sonst verschwinden können? Ich stand auf, warf mir den Beschmet über, gürtete den Dolch um und verließ ganz leise die Hütte; mir entgegen kam der blinde Junge. Ich preßte mich an den Zaun, und er ging mit sicherem, doch behutsamem Schritt an mir vorüber. Ein Bündel unter dem Arm, stieg er einen steilen, schmalen Pfad hinab, der zum Hafen führte. *An jenem Tag werden die Stummen reden und die Blinden sehen*, dachte ich und folgte ihm in einiger Entfernung, damit ich ihn nicht aus den Augen verlor.

Unterdessen hüllte sich der Mond in Wolken, und vom Meer stieg Nebel auf; nur matt blinzelte die Laterne am Heck des nächsten Schiffes, weiß schimmerte die schäumende Brandung, die das Ufer jeden Augenblick zu überschwemmen drohte. Ich kletterte mit Mühe und Not den Steilhang hinab. Da sah ich: Der Blinde blieb unten stehen und wandte sich dann nach rechts; er ging so dicht am Wasser entlang, daß ich fürchtete, die Wellen würden ihn sogleich ergreifen und davontragen; aber offensichtlich machte er diesen Spaziergang nicht zum erstenmal, der Sicherheit nach zu urteilen, mit der er von einem Stein auf den anderen trat und den Spalten auswich. Endlich blieb er stehen, als lausche er auf etwas, setzte sich auf die Erde und legte sein Bündel neben sich. Hinter einem vorspringenden Felsen versteckt, beobachtete ich jede seiner Bewegungen. Nach einigen Minuten näherte sich von der entgegengesetzten Seite eine weiße Gestalt; sie ging auf den Blinden zu und ließ sich neben ihm nieder. Der Wind trug ab und zu Bruchstücke ihrer Unterhaltung zu mir herüber.

»Was meinst du, Weißauge«, sagte eine weibliche Stimme, »es stürmt sehr, Janko wird wohl nicht kommen?« – »Janko fürchtet sich nicht vor dem Sturm«, antwortete der Junge. »Der Nebel verdichtet sich.« Die weibliche Stimme klang wehmütig. »Im Nebel ist es leichter, an den Wachschiffen vorbeizukommen«, lautete die Antwort. – »Und wenn er nun untergeht?« – »Was tut's? Dann legst du eben am Sonntag zum Kirchgang kein neues Band an.«

Schweigen trat ein.

Über eins jedoch konnte ich mich nicht genug wundern: Der Blinde hatte mit mir in kleinrussischer Mundart gesprochen und redete nun in reinem Russisch.

»Siehst du, ich habe recht!« sagte der Blinde wieder

und klatschte in die Hände. »Janko fürchtet weder das Meer noch den Wind, noch den Nebel, noch die Küstenwache – horch! Das ist nicht das Klatschen der Wellen, mir machst du nichts vor, das sind seine langen Ruder.«

Die Frau sprang schnell auf und spähte unruhig in die Ferne.

»Du phantasierst, Weißauge«, sagte sie. »Ich sehe nichts.«

Ich muß gestehen, ich versuchte krampfhaft, auf hoher See etwas zu entdecken, das einem Boot ähnelte, aber – ohne Erfolg. Es vergingen annähernd zehn Minuten; da zeigte sich zwischen den Wellenbergen ein schwarzer Punkt. Er wurde bald größer, bald kleiner. Langsam erklomm ein Boot die Wellenberge, jählings stürzte es von ihnen herab; es näherte sich dem Ufer. Ein beherzter Ruderer, der sich in einer solchen Nacht über die zwanzig Werst breite Meerenge wagt! Triftige Gründe müssen ihn dazu bewogen haben! Während mir dies durch den Kopf ging, beobachtete ich mit unwillkürlichem Herzklopfen das armselige Boot; es tauchte wie eine Ente und schnellte, mit den Rudern wie mit Flügeln schlagend, inmitten sprühender Gischt aus dem Abgrund wieder empor; schon dachte ich, es würde mit voller Wucht ans Ufer schlagen und zerschellen, da drehte es geschickt bei und glitt unbeschadet in die kleine Bucht. Ein mittelgroßer Mann, der eine tatarische Lammfellmütze trug, stieg aus; er winkte, und zu dritt entluden sie das Boot; die Fracht war so groß, daß ich immer noch nicht begreife, wieso das Boot nicht untergegangen ist. Nachdem jeder ein Bündel geschultert hatte, gingen sie am

Ufer entlang, und ich verlor sie alsbald aus den Augen. Ich mußte zu meinem Quartier zurückkehren; aber ich gestehe, all diese sonderbaren Begebenheiten beunruhigten mich, und ich konnte es kaum erwarten, daß der Morgen graute.

Als mein Kosak erwachte, wunderte er sich sehr, weil ich schon völlig angekleidet war; ich erzählte ihm jedoch nicht, warum. Eine Weile stand ich am Fenster und erfreute mich an der Bläue des Himmels, der mit zerflatternden Wölkchen betupft war, und bewunderte die ferne Krimküste. Sie ruhte als violetter Streifen auf dem Meer und endete in einem Felsen, auf dem sich ein weißer Leuchtturm erhob. Dann begab ich mich zur Festung Fanagoria, um den Kommandanten zu fragen, wann ich nach Gelendshik abreisen könne.

O weh! Der Kommandant konnte mir nichts Bestimmtes sagen. Die Segler im Hafen waren alle entweder Wachschiffe oder Kauffahrer, die noch nicht einmal angefangen hatten, Fracht zu übernehmen. »Vielleicht kommt in drei, vier Tagen das Postschiff«, sagte der Kommandant, »dann werden wir weitersehen.« Ich kehrte finster und verstimmt in mein Quartier zurück. An der Tür empfing mich mein Kosak mit verstörtem Gesicht.

»Eine schlimme Sache, Euer Wohlgeboren!« sagte er.

»Ja, mein Lieber, Gott weiß, wann wir von hier wegkommen!«

Da steigerte sich seine Erregung noch, er beugte sich zu mir und sagte im Flüsterton: »Hier geht es nicht mit rechten Dingen zu! Ich habe heute den Unteroffizier von den Schwarzmeerkosaken getroffen; ich kenne ihn, er war voriges Jahr in unserer Abteilung; als ich ihm sagte, wo wir wohnen, meinte er: ›Dort spukt es, Bruder, das sind schlechte Menschen.‹ Und er hat recht! Was ist das für ein Blinder? Überall geht er allein hin, auch auf den Markt nach Brot, und Wasser holt er auch. Wie man sieht, wundern sich die Leute darüber nicht mehr.«

»Hat sich nun wenigstens die Wirtin blicken lassen?«

»Heute, als Sie nicht da waren, ist die alte Frau mit ihrer Tochter gekommen.«

»Was für eine Tochter? Sie hat doch gar keine Tochter.«

»Gott wird schon wissen, ob sie es ist; die Alte sitzt jetzt in ihrer Hütte.«

Ich trat ein. In dem tüchtig geheizten Ofen kochte ein Mittagessen, das für arme Leute ziemlich üppig war. Die Alte antwortete auf all meine Fragen, sie sei taub und höre nichts. Was sollte ich mit ihr anfangen? Ich wandte mich an den Blinden, der vor dem Ofen hockte und Reisig nachlegte. »Also heraus mit der Sprache, du blinder Teufel«, sagte ich und packte ihn am Ohr. »Sag mir, wohin du heute nacht mit dem Bündel gegangen bist!« Da weinte, jammerte und stöhnte mein Blinder. »Wohin soll ich gegangen sein? Nirgendwohin bin ich gegangen… Mit einem Bündel? Mit was für einem Bündel?« Diesmal hörte die Alte, und sie murrte: »Was hecken Sie sich da aus? Gar noch gegen einen armen Krüppel! Was haben Sie mit ihm zu schaffen? Was hat er Ihnen getan?« Ich verlor die Lust, mehr zu fragen, und ging hinaus, fest entschlossen, den Schlüssel zu diesem Geheimnis zu finden.

Ich wickelte mich in meine Burka und setzte mich

am Zaun auf einen Stein, um die Aussicht zu genießen; vor mir breitete sich, vom nächtlichen Sturm aufgewühlt, die See, und ihr eintöniges Rauschen, das dem verebbenden Stimmengewirr einer einschlummernden Stadt glich, erinnerte mich an alte Zeiten und trug meine Gedanken gen Norden in unsere kalte Hauptstadt. Von Erinnerungen bewegt, vergaß ich alles ringsum … Eine Stunde mochte so vergangen sein, vielleicht auch mehr … Plötzlich vernahm ich etwas, das wie ein Lied klang. Fürwahr – ein Lied, eine frische weibliche Stimme sang. Aber wo? Ich lauschte. Es war eine eigentümliche Weise, bald getragen und wehmütig, bald schnell und lebhaft. Ich blickte um mich, es war niemand zu sehen; ich lauschte aufs neue, die Töne schienen vom Himmel herniederzuschweben. Ich hob den Blick. Auf dem Dach der Hütte stand ein Mädchen in einem gestreiften Kleid, mit offenem Haar, eine richtige Russalka. Die Augen mit der Hand gegen die Sonne schützend, blickte sie in die Ferne, bald lachte sie und sprach mit sich selbst, bald sang sie wieder ihr Lied.

Ich habe mir dieses Lied Wort für Wort gemerkt.

Wie auf den blauen Wellen,
Wie auf der grünen See
Die muntren Schifflein ziehen,
    Segel weiß wie Schnee.

Und zwischen diesen Schiffchen
Mein Boot, es ist nicht groß,
Es führt nicht Fracht noch Ladung,
    Ruder hat es bloß.

Der Sturm beginnt mit ihnen,
Den alten Tanz und Spiel,
Er gibt den Schiffchen Flügel,
Fliegt nun! Ohne Ziel.

›Verflucht, du wildes Toben!‹
Ich knie hin im Boot:
›Du böses Meer, verschone
Mich vor großer Not!‹

In dem kleinen Boote
Viel Kostbarkeiten sind,
Ins Dunkle geht die Reise,
Hui! Es heult der Wind.

Unwillkürlich kam mir der Gedanke, daß ich in der Nacht dieselbe weibliche Stimme gehört hatte; ich besann mich einen Augenblick, und als ich wieder aufs Dach blickte, war das Mädchen nicht mehr da. Plötzlich lief sie an mir vorüber, ein anderes Lied trällernd, und rannte, mit den Fingern schnippend, zu der Alten, und gleich darauf kam es zu einem Streit zwischen ihnen. Die Alte wurde wütend, das Mädchen aber lachte schallend. Und sieh, da hüpfte meine Undine schon wieder heraus; als sie an mir vorüberkam, blieb sie dicht vor mir stehen und sah mich scharf an, gleichsam erstaunt über meine Gegenwart, dann wandte sie sich gleichgültig ab und ging langsam zum Hafen. Damit ließ sie es jedoch nicht bewenden. Den ganzen Tag strich sie um mein Quartier herum; das Singen und Springen wollte kein Ende nehmen. Ein seltsames Geschöpf! Auf ihrem Gesicht war kein Anzeichen geistiger Umnachtung zu erkennen, im Gegenteil, ihre Augen ruhten kühn und durchdringend auf mir, und sie schienen mit einer gewissen magnetischen Kraft begabt. Ich dachte jedesmal, sie warteten auf eine Frage. Doch kaum tat ich den Mund auf, enteilte sie mit einem schalkhaften Lächeln.

Wirklich, ich bin noch nie einer solchen Frau begegnet. Sie war beileibe keine Schönheit, aber meine Vorurteile erstreckten sich auch auf die Schönheit. Sie besaß viel Rasse... Rasse ist bei Frauen wie bei Pferden die Hauptsache; das Verdienst dieser Entdeckung gebührt dem Jungen Frankreich. Die Rasse zeigt sich meist im Gang, in den Händen und Beinen; besonders die Nase hat viel zu bedeuten. Eine ebenmäßige Nase ist in Rußland seltener als ein kleiner Fuß. Meine Sängerin schien nicht älter als achtzehn Jahre zu sein. Die ungewöhnliche Biegsamkeit ihrer Gestalt, die besondere, einzig ihr eigene Art, das Haupt zu neigen, ihr langes dunkelblondes Haar, der goldene Schimmer ihrer zart gebräunten Haut auf Hals und Schultern und vornehmlich die ebenmäßige Nase, all das entzückte mich. Obwohl ich in ihren schrägen Blicken etwas Ungebärdiges und Verdächtiges las, obwohl in ihrem Lächeln etwas Unbestimmtes lag – die Macht der Vorurteile war stärker, die ebenmäßige Nase brachte mich um den Verstand. Ich glaubte, Goethes Mignon, dieses sonderbare Geschöpf seiner deutschen Phantasie, gefunden zu haben; und in der Tat, zwischen den beiden bestand viel Ähnlichkeit: die gleichen raschen Übergänge von größter Unruhe zu völliger Unbeweglichkeit, die gleichen rätselhaften Reden, die gleichen Sprünge, seltsamen Lieder...

Gegen Abend hielt ich sie vor der Tür an, und es entspann sich folgendes Gespräch:

»Sag mir doch, du Schöne«, fragte ich, »was hast du heute auf dem Dach gemacht?« – »Ich habe nachgesehen, woher der Wind weht.« – »Wozu mußt du das wissen?« – »Woher der Wind weht, daher kommt das Glück.« – »Hast du etwa mit dem Lied das Glück herbeirufen wollen?« – »Wo gesungen wird, kehrt das Glück ein.« – »Aber wenn du dir nun das Leid herbeisingst?« – »Was ist schon dabei. Wo es nicht besser wird, da wird es schlechter, und vom Schlechten zum Guten ist es wiederum auch nicht weit.« – »Wer hat dich das Lied gelehrt?« – »Niemand; was mir einfällt, das singe ich; wer es hören soll, der hört es; wer es nicht hören soll, der versteht es nicht.« – »Wie heißt du, meine Sängerin?« – »Wer mich getauft hat, wird's schon wissen.« – »Und wer hat dich getauft?« – »Woher soll ich das wissen?« – »So eine Geheimniskrämerin! Und doch weiß ich etwas von dir.« Sie verzog keine Miene, als spräche ich von einer Fremden, nicht einmal ihre Lippen bewegten sich. »Ich habe erfahren, daß du gestern nacht am Strand warst.« Und nun erzählte ich ihr mit wichtiger Miene, was ich alles gesehen hatte, und dachte, sie damit verlegen zu machen. Weit gefehlt! Sie lachte aus vollem Halse. »Sie haben viel gesehen und wissen so gut wie nichts; aber was Sie wissen, behalten Sie schön für sich.« – »Wenn es mir nun zum Beispiel einfiele, dem Kommandanten Meldung zu erstatten?« Bei diesen Worten sah ich sie sehr ernst, sogar streng an. Da sprang sie auf, fing an zu singen und verschwand wie ein Vögelchen, das aus dem Gebüsch verscheucht wird. Meine letzten Worte waren völlig unangebracht gewesen. Ich ahnte damals noch nicht, welche Bedeutung sie haben würden. Doch es nahte die Stunde, da ich sie bereute.

Sobald die Dämmerung hereinbrach, befahl ich meinem Kosaken, biwakmäßig Tee zu brühen, zündete eine Kerze an, setzte mich an den Tisch und rauchte meine Reisepfeife. Ich war schon beim zweiten Glas Tee, als plötzlich hinter mir die Tür knarrte. Leise raschelte ein Kleid, Schritte... Ich zuckte zusammen und drehte mich um; sie war es, sie, meine Undine! Still und stumm setzte sie sich mir gegenüber und sah mich groß an; ich weiß nicht, warum, aber dieser Blick schien mir wunderbar zärtlich; er erinnerte mich an einen jener Blicke, die einst so willkürlich mit meinem Leben gespielt hatten. Sie schien auf eine Frage zu warten, aber ich schwieg, in unerklärlicher Verwirrung befangen. Ihr Gesicht bedeckte fahle Blässe, die seelische Erregung verriet; ihre Hand irrte ziellos über den Tisch, und ich bemerkte an ihr ein leises Zittern; ihre Brust hob und senkte sich, dann und wann sah es jedoch so aus, als halte sie den Atem an. Ich wurde der Komödie langsam überdrüssig und wollte das Schweigen schon auf höchst prosaische Weise brechen, das heißt, ihr ein Glas Tee anbieten, da sprang sie plötzlich auf, umschlang meinen Hals mit beiden Armen, und ein feuchter heißer Kuß brannte auf meinen Lippen. Mir wurde schwarz vor Augen, mir schwindelte, ich riß sie an mich mit der ganzen Kraft jugendlicher Leidenschaft, aber sie entschlüpfte meinen Armen wie eine Schlange und flüsterte mir noch ins Ohr: »Komm heute nacht, wenn alle schlafen, an den Strand.« Dann flog sie wie ein Pfeil aus dem Zimmer. Im Flur stieß sie den Teekessel und die Kerze um, die auf dem Boden standen. »Ein Teufel von einem Mädchen!« schrie der Kosak, der auf dem Stroh gelegen und geträumt hatte, er würde sich mit dem Rest Tee wärmen. Erst jetzt kam ich wieder zur Besinnung.

Nach zwei Stunden, als alles im Hafen verstummt war, weckte ich meinen Kosaken. »Wenn ich einen Pistolenschuß abgebe«, sagte ich zu ihm, »kommst du sofort an den Strand gelaufen.« Er riß die Augen auf und antwortete mechanisch: »Zu Befehl, Euer Wohlgeboren!« Ich steckte die Pistole in den Gürtel und ging hinaus. Sie wartete auf mich am Rande des Steilhangs. Ihre Kleidung war mehr als leicht; ein kleines Tuch umgürtete ihre biegsame Gestalt.

»Kommen Sie mit!« sagte sie, nahm mich bei der Hand, und wir stiegen hinab. Ich kann es heute noch nicht begreifen, daß ich mir dabei nicht das Genick gebrochen habe. Unten wandten wir uns nach rechts und gingen denselben Pfad entlang, auf dem ich am Abend vorher dem Blinden gefolgt war. Der Mond war noch nicht aufgegangen, und nur zwei Sternchen glitzerten wie zwei rettende Leuchtfeuer an dem dunkelblauen Himmelsgewölbe. Schwere Wellen rollten gleichmäßig und abgemessen an den Strand, eine hinter der anderen, und schaukelten leise ein einsames Boot, das am Ufer angebunden lag. »Steigen wir ein«, sagte meine Begleiterin. Ich zögerte, ich bin kein Freund von sentimentalen Bootspartien; aber zur Umkehr war es zu spät. Sie sprang ins Boot, ich folgte ihr, und ehe ich mich dessen versah, trieben wir schon aufs Meer hinaus. »Was soll das heißen?« fragte ich ungehalten. »Das heißt…« Sie drückte mich auf die Ruderbank und umarmte mich. »Das heißt, daß ich dich liebe.« Sie schmiegte ihre Wange an die meine, und ich spürte auf meinem Gesicht ihren heißen Atem. Auf einmal plumpste etwas ins Wasser. Ich faßte an den Gürtel – die Pistole war weg. Oh, da stieg ein schrecklicher Verdacht in meiner Seele auf, das Blut schoß mir in den Kopf! Ich blickte auf – wir waren etwa fünfzig Sashen vom Ufer entfernt, und ich kann nicht schwimmen! Ich wollte sie von mir stoßen – sie krallte sich wie eine Katze in meine Kleidung, und plötzlich hätte ein heftiger Stoß mich beinahe in die Fluten gestürzt. Das Boot schaukelte, doch ich fand wieder Halt, und zwischen uns entbrannte ein verzweifelter Kampf; der Zorn vervielfachte meine Kräfte, aber ich merkte bald, daß mir meine Gegnerin an Geschicklichkeit überlegen war … »Was willst du?« rief ich und umklammerte dabei ihre kleinen Hände; ihre Finger knackten. Aber sie schrie nicht auf, ihre Schlangennatur hielt diese Folter aus.

»Du hast es gesehen«, antwortete sie. »Du wirst es melden!« Mit schier übermenschlicher Kraft warf sie mich gegen das Dollbord; wir hingen beide bis zum Gürtel aus dem Boot, die Wellen netzten ihr Haar, dieser Augenblick war entscheidend. Ich stemmte mich mit dem Knie gegen den Boden und packte sie mit der einen Hand am Zopf, mit der anderen an der Kehle. Sie ließ meine Uniform los, und ich stieß sie ins Wasser.

Es war schon ziemlich dunkel; ihr Kopf tauchte noch zweimal aus den schäumenden Fluten auf; mehr sah ich nicht.

Auf dem Boden des Bootes fand ich die Hälfte eines alten Ruders; und nach unsäglichen Anstrengungen gelangte ich an Land. Als ich am Ufer entlang zu meiner Hütte stolperte, warf ich unwillkürlich einen Blick auf die Stelle, an der tags zuvor der Blinde auf den nächtlichen Ruderer gewartet hatte, der Mond zog schon am Himmel seine Bahn, und mir schien, als säße eine weiße Gestalt am Strand; von Neugier getrieben, schlich ich näher und legte mich am Rand des Steilhangs ins Gras; wenn ich vorsichtig den Kopf vorstreckte, konnte ich vom Felsen aus gut sehen, was unten alles geschah, und ich wunderte mich nicht allzusehr, sondern freute mich beinahe, als ich meine Russalka erkannte. Sie wrang das Meerwasser aus ihrem langen Haar, das nasse Hemd umspannte eng ihren schlanken Leib und ihre hohe Brust. Bald zeigte sich in der Ferne ein Boot, es näherte sich schnell; wie am Abend zuvor stieg ein Mann aus; er trug eine Tatarenmütze, sein Schädel aber war nach Kosakenart geschoren; in seinem Ledergurt steckte ein großes Messer. »Janko«, sagte sie, »es ist alles verloren!« Darauf setzten sie das Gespräch so leise fort, daß ich nichts mehr verstehen konnte. »Wo ist der Blinde?« fragte Janko endlich mit erhobener Stimme. »Ich habe ihn dorthin geschickt«, lautete die Antwort. Nach einer Weile kam der Blinde. Der Sack, den er auf dem Rücken trug, wurde ins Boot gelegt.

»Hör mal, Weißauge«, sagte Janko, »du bewachst die Stelle… du weißt? Dort sind wertvolle Waren. Sag dem…« (den Namen verstand ich nicht), »daß ich ihm nicht länger dienen kann; ich mache mein Glück überall, wo der Wind weht und das Meer rauscht!« Nach kurzem Schweigen fügte Janko hinzu: »Sie fährt mit mir; sie kann hier nicht bleiben; sag der Alten, es würde für sie Zeit zu sterben, sie hat lange genug gelebt; man muß auch wissen, was man seiner Ehre schuldig ist. Sie wird uns nicht wiedersehen.«

»Und ich?« fragte der Blinde kläglich.

»Wozu brauche ich dich?« lautete die Antwort.

Unterdessen schwang sich meine Undine ins Boot und gab ihrem Gefährten einen Wink; er legte dem Blinden etwas in die Hand und sagte: »Kauf dir was zum Naschen dafür!« – »Bloß so wenig?« sagte der Blinde. »Na, da hast du noch was.« Klingend fiel eine Münze auf die Steine. Der Blinde hob sie nicht auf. Janko setzte sich ins Boot; der Wind wehte seewärts, sie hißten ein kleines Segel und fuhren rasch davon. Lange schimmerte im Mondlicht das weiße Segel zwi-

schen den dunklen Wellen; der blinde Junge saß immer noch am Ufer, und auf einmal hörte ich so etwas wie Schluchzen; der Junge weinte wirklich, und lange, lange … Mir wurde schwer ums Herz. Wozu hatte das Schicksal mich in den friedlichen Kreis *ehrlicher Schmuggler* verschlagen? Wie ein Stein, den man in ein glattes Gewässer wirft, habe ich ihre Ruhe gestört, und wie ein Stein wäre ich beinahe selbst auf den Grund gesunken!

Ich kehrte in mein Quartier zurück. Im Flur knisterte auf einem Holzteller die heruntergebrannte Kerze, und mein Kosak lag, entgegen dem Befehl, in tiefem Schlaf, das Gewehr fest in der Hand. Ich ließ ihn ruhen, nahm die Kerze und ging in die Stube. O weh! Meine Schatulle, mein Säbel mit dem silberverzierten Griff, mein dagestanischer Dolch – das Geschenk eines Freundes –, alles war verschwunden. Da begann ich zu ahnen, welche Sachen der verdammte Blinde in dem Sack getragen hatte. Ich weckte meinen Kosaken mit einem ziemlich unsanften Rippenstoß, ich schalt ihn, tobte, aber es war nichts zu machen! Es wäre doch wohl lächerlich gewesen, sich bei der Obrigkeit zu beschweren und zu melden, ein blinder Junge habe mich bestohlen und ein achtzehnjähriges Mädchen mich beinahe ertränkt.

Gott sei Dank bot sich am nächsten Morgen eine Gelegenheit, weiterzureisen, und ich verließ Taman. Was aus der Alten und dem armen Blinden wurde – ich weiß es nicht. Was scheren mich die Freuden und Leiden der Menschen, mich, einen ungebundenen Offizier, noch dazu einen, der sich auf Dienstreise befindet.

Galicisches Märchen

DER BAUM DER DREI ORANGEN

Es war einmal ein Königssohn, der kehrte von einer Jagd zurück und hörte plötzlich Ausrufe einer Frau, die er nicht verstand. Er wollte wissen, was es war, und erblickte eine Mohrin, die damit beschäftigt war, mit einem Handbeil ein Kreuz zu zerhacken. Dem Sohn des Herrn Königs schien dies nicht in Ordnung zu sein, und er ging zur Mohrin, um ihr das Kreuz aus den Händen zu reißen. Sie kämpften eine Weile, aber der Mann blieb Sieger, und da begann die Mohrin voller Wut in ihrer fremden Sprache zu schreien, um dann sogleich, den Jüngling anblickend, ihm einen Fluch entgegenzuschleudern: »Mögest du doch zum Baum der drei Orangen gelangen!«

Von da ab sehnte sich der Sohn des Herrn Königs danach zu erfahren, was der Baum der drei Orangen sei und was er tun solle, um zu ihm zu gelangen. Und seine Sehnsucht wurde so groß, daß er eines Tages beschloß, sich auf die Suche zu machen. Er bestieg sein Roß Pensamento und ritt in die Welt hinaus, um den Baum aufzusuchen.

Lange, lange ritt er so und ließ keine Tür vorbei, ohne dort nachzufragen; und nach vielem Reiten kam er endlich zu dem Haus der Sterne. Er rief an der Tür, und es erschien vor ihm eine kleine, verrunzelte Frau, die noch älter war als die Zeit. Und sie fragte ihn: »Nun, Jüngling, was wünschest du?« – »Siñora«, sagte der Sohn des Herrn Königs, »ich habe mein Haus verlassen, um den Baum der drei Orangen zu suchen. Aber ich finde ihn nicht und treffe auch niemand, der mir Auskunft über ihn geben könnte.« – »Oh, der steht weit, sehr weit, aber ich weiß nicht, wo er sich befindet. Wenn du ein wenig warten willst, so kommt bald meine älteste Tochter, und die weiß, wo er steht.«

Der Jüngling wartete, und als die Tochter kam, da sagte sie beim Betreten des Hauses, daß sie großen Hunger habe und daß es dort nach dem zarten Fleisch eines jungen Menschen rieche.

Die Mutter sagte ihr, das sei so: Ein Jüngling sei angekommen, der nach dem Baum der drei Orangen suche, und wenn sie es könne, möge sie ihm freundlich helfen. Die älteste Tochter wollte essen und sagte schließlich zu ihrer Mutter: »Schick ihn in das Haus der Sonne: Mein Bruder dort muß es wissen.«

Und die alte Frau schickte den Sohn des Herrn Königs hin, um im Haus der Sonne nachzufragen; und er ritt davon.

Der Königssohn begann die neue Reise, und als er im Haus der Sonne angekommen war, da schickte man ihn zum Haus der Luna, die als Frau mehr Dinge wisse als die anderen. Und im Haus der Luna mußte er wieder warten, denn er war in der Nacht angekommen, und Luna war nicht zu Hause. Luna wußte ebensowenig, wo der Baum der drei Orangen sich befand, aber sie sagte zum Königssohn: »Begib dich mit einem

Gruß von mir zum Haus des Windes, denn der läuft über die ganze Erde und kennt nicht nur den Baum, den du suchst, sondern wird dich auch selbst zu ihm geleiten, wenn du ebenso schnell gehen kannst wie er.«

Endlich gelangte der Sohn des Herrn Königs zum Haus des Windes, und als er ihm sagte, daß Luna ihn herschicke, da empfing ihn der Wind sehr gut und versprach, ihm zu helfen, fügte aber hinzu: »Mitnehmen werde ich dich schon; aber weißt du auch, daß du ebenso rasch gehen mußt wie ich? Also, wenn du nicht schnell läufst, so lasse ich dich unterwegs zurück.«

Der Jüngling schwang sich auf sein Roß und sagte zum Wind: »Machen wir uns auf den Weg; lauft rasch, mein Herr, denn ich werde Euch folgen.«

Und die beiden eilten davon; und als der Wind das Roß Pesnamento laufen sah, da sagte er: »Ich hatte nicht gedacht, daß du so leicht bist; du läufst ja noch rascher als ich!« – »Wie sollte es denn anders sein, mein Herr, wenn ich mein Pferd ›Gedanke‹ getauft habe, denn es läuft so schnell wie die Gedanken!«

Endlich gelangte der Sohn des Herrn Königs zu einem schönen Garten, in dem sich der Baum der drei Orangen befand. Der Wind zeigte ihm den und sagte: »Sieh, hier hast du den Baum der drei Orangen.«

Kaum hatte der Sohn des Herrn Königs die Orangen erblickt, da ergriff er sie, ohne Zeit zu verlieren, schwang sich wieder auf sein Roß und galoppierte davon. Von dem Staub des Weges und dem langen Ritt bekam er einen großen Durst. Er wollte ihn stillen, fand aber keine Quelle und keinen einzigen Tropfen Wasser. Da erinnerte er sich an die drei Orangen, die er im Beutel hatte, und dachte, er könne recht gut eine davon öffnen, um seine Kehle zu erfrischen. Er öffnete sie, aber kaum hatte er es getan, da erschien vor ihm ein schönes Fräulein, das ihn sofort fragte: »Und nun, hast du für mich Wasser zum Waschen, Kämme zum Kämmen und einen Spiegel zum Hineinschauen?« – »Nein«, sagte der Sohn des Herrn Königs, denn er hatte keins von diesen Dingen. Und da sagte zu ihm das Mädchen: »Du weißt nicht, wieviel du verloren hast« – und kehrte in die Orange zurück.

Der Mann wurde sehr traurig und setzte seinen Weg fort. Nach einer weiteren Strecke aber drohte er geradezu vor Durst zu sterben und öffnete die zweite Orange. Wieder erschien vor ihm ein schönes Fräulein, noch schöner und süßer als das vorige, und sagte zu ihm ebenso wie das erste: »Und nun, hast du für mich Wasser zum Waschen, Kämme zum Kämmen und einen Spiegel zum Hineinschauen?« – »Nein«, sagte der Sohn des Herrn Königs auch diesmal zu ihr, denn er hatte wieder keins von diesen drei Dingen. Und da sagte das Mädchen gleichfalls: »Du weißt nicht, wieviel du verloren hast« – und kehrte in die Orange zurück.

Der Mann wurde ebenso traurig wie das erste Mal und gab sich das Wort, die dritte Orange trotz des größten Durstes nicht eher zu öffnen, als bis er sich mit den drei von den Mädchen gewünschten Dingen versehen habe. Er verschaffte sich Kämme sowie einen Spiegel, und als er zu einer kleinen Quelle kam, da öffnete er die dritte Orange. Und das Fräulein war noch viel schöner als ihre beiden Vorgängerinnen. Als sie ihn nun um Wasser zum Waschen, um Kämme zum Kämmen und um einen Spiegel zum Hineinschauen bat, da gab der Sohn des Herrn Königs ihr alles. Nun verschwand sie nicht, sondern blieb bei ihm, und sie heirateten. Und der Sohn des Herrn Königs ließ es seinem Vater mitteilen und wartete darauf, daß dieser ihn rufe.

Zur gebührenden Zeit gebar die junge Frau einen Sohn, und der Herr König ließ sie alle drei zu sich einladen. So groß war die Eile, die der Jüngling hatte, seinen Eltern, dem hohen Königspaar, seine schöne Frau und auch den kleinen Sohn zu bringen, daß sie sich sofort auf den Weg machten. Als sie zu einer Quelle kamen, die von einer Eiche überschattet war und sich schon im Reich des Vaters befand, da beschloß der Jüngling, sich zu entfernen, um eine Karosse und festliche Kleider zu holen, damit er in den Königspalast einen schönen Einzug halten könne. Und er ließ seine Frau zurück, wobei er ihr auf die Seele band, sich von keinem Mann und auch sonst keinem menschlichen Wesen sehen zu lassen. Als die Mutter am Rande der Quelle das Kind in ihren Armen hielt, da erschien vor ihr, bevor sie es bemerkt hatte, die Mohrin; sie begann das kleine Kind zu streicheln und lobte es sehr, um das Wohlwollen der Mutter zu gewinnen. Nachdem sie eine Weile gesprochen hatten, schlug die Mohrin ihr vor, sie schön zu kämmen, bevor ihr Mann zurückkehre. Die junge Frau traute ihr, doch dann, als sie ihr gern erlaubt hatte, sie zu kämmen, benutzte die böse Mohrin die Gelegenheit, ihr eine Zaubernadel in den Kopf zu stecken. Sofort verwandelte sich die Prinzessin in eine Taube und flog auf die Eiche, während die Mohrin das Kind ergriff und sich an die Stelle der Mutter setzte.

Bald darauf kehrte der Sohn des Herrn Königs

zurück, und als er eine so häßliche und sonnenverbrannte Frau erblickte, da war er so betroffen, daß er nicht schweigen konnte, und er sagte: »Eh, Frau, was ist dir zugestoßen, daß du so häßlich geworden bist?« – »Eh, wie könnte es anders sein? So lange, so lange bist du ausgeblieben, daß die Sonne mich schließlich verbrannt hat.«

Der Sohn des Herrn Königs betrat beschämt das Haus seines Vaters und sorgte dafür, daß er nicht gesehen wurde. Dem Herrn König gefiel die Schwiegertochter keineswegs, und er nahm es seinem Sohn sehr übel, daß er ihn betrogen hatte, indem er diese Frau in den Königspalast brachte; dennoch blieb die Schwiegertochter des Herrn Königs im Hause und fühlte sich sehr zufrieden.

Zur selben Zeit, als der Troß des Sohnes des Herrn Königs die Tore des Palastes passierte, sah der Gärtner des Herrn Königs eine Taube heranfliegen. Sie begann sofort auf den Bäumen des Gartens herumzuflattern, und indem sie zutraulich wurde, näherte sie sich wiederholt dem Gärtner und sprach zu ihm: »Gärtner, Gärtner, wie geht es dem Sohn des Herrn Königs mit seiner Mohrin?« Und der Gärtner antwortete ihr: »Sehr gut, Siñora.«

Darauf fragte ihn die Taube immer wieder auf dieselbe Weise: »Und der kleine Sohn, was tut er?« – »Manchmal lacht er, und manchmal weint er.« Und nachdem der Gärtner gesprochen hatte, sprach die Taube mit schluchzender Stimme: »Und seine arme Mutter ist hier ganz allein!«

Als der Sohn des Herrn Königs von der Taube hörte, gab er den Befehl, sie zu fangen, ohne ihr Schaden zu tun. Und man fing sie, denn die Taube war sehr zahm, und man brachte sie in das Haus des Sohnes des Herrn Königs. Als die Mohrin sie sah, wollte sie, daß man sie töte, aber der kleine Knabe gewann die Taube sehr lieb. Und eines Tages, als der Sohn des Herrn Königs sie streichelte, da traf er auf die Nadel in ihrem Kopf; er ergriff sie und zog sie heraus. Damit war der Zauber gebrochen, und die Taube verwandelte sich wieder in die Frau des Sohnes des Herrn Königs. Da nun die Bosheit der Mohrin offenkundig war, befahl der Herr König, sie in einen Kessel mit siedendem Öl zu werfen.

Brüder Grimm

LOHENGRIN ZU BRABANT

Der Herzog von Brabant und Limburg starb, ohne andere Erben als eine junge Tochter Els oder Elsam zu hinterlassen; diese empfahl er auf dem Todbette einem seiner Dienstmannen, Friedrich von Telramund*. Friedrich, sonst ein tapferer Held, der zu Stockholm in Schweden einen Drachen getötet hatte, wurde übermütig und warb um der jungen Herzogin Hand und Land unter dem falschen Vorgeben, daß sie ihm die Ehe gelobt hatte. Da sie sich standhaft weigerte, klagte Friedrich bei dem Kaiser Heinrich dem Vogler; und es wurde Recht gesprochen, daß sie sich im Gotteskampf durch einen Helden gegen ihn verteidigen müsse. Als sich keiner finden wollte, betete die Herzogin inbrünstig zu Gott um Rettung. Da erscholl weit davon zu Montsalvatsch beim Gral der Laut der Glocke, zum Zeichen, daß jemand dringender Hilfe bedürfe; alsobald beschloß der Gral, den Sohn Parzi-

* Die Erzählung im Parzival ist noch einfacher. Friedrich fehlt ganz, die demütige Herzogin wird von Land und Leuten bedrängt, sich zu vermählen. Sie verschwört jeden Mann, außer den ihr Gott sende, und da schwimmt der Schwan herzu.

vals, Lohengrin, darnach auszusenden. Eben wollte dieser seinen Fuß in den Stegreif setzen, da kam ein Schwan auf dem Wasser geflossen und zog hinter sich ein Schiff daher. Kaum erblickte ihn Lohengrin, als er rief: »Bringt das Roß wieder zur Krippe; ich will nun mit diesem Vogel ziehen, wohin er mich führt.« Speise im Vertrauen auf Gott nahm er nicht in das Schiff; nachdem sie fünf Tage über Meer gefahren hatten, fuhr der Schwan mit dem Schnabel ins Wasser, fing ein Fischlein auf, aß es halb und gab dem Fürsten die andere Hälfte zu essen.

Unterdessen hatte Elsam ihre Fürsten und Mannen nach Antwerpen zu einer Landsprache berufen. Gerade am Tage der Versammlung sah man einen Schwan die Schelde heraufschwimmen, der ein Schifflein zog, in welchem Lohengrin auf sein Schild ausgestreckt schlief. Der Schwan landete bald am Gestade, und der Fürst wurde fröhlich empfangen; kaum hatte man ihm Helm, Schild und Schwert aus dem Schiff getragen, als der Schwan sogleich zurückfuhr. Lohengrin vernahm nun das Unrecht, welches die Herzogin litt, und übernahm es gerne, ihr Kämpfer zu sein. Elsam ließ hierauf alle ihre Verwandten und Untertanen entbieten, die sich bereitwillig in großer Zahl einstellten; selbst König Gotthart, ihr mütterlicher Ahn, kam aus Engeland, durch Gundemar, Abt zu Clarbrunn, berufen. Der Zug machte sich auf den Weg, sammelte sich nachher vollständig zu Saarbrück und ging von da nach Mainz. Kaiser Heinrich, der sich zu Frankfurt aufhielt, kam nach Mainz entgegen; und in dieser Stadt wurde das Gestühl errichtet, wo Lohengrin und Friedrich kämpfen sollten. Der Held vom Gral überwand; Friedrich gestand, die Herzogin angelogen zu haben, und wurde mit Schlägel und Barte (Beil) gerichtet. Elsam fiel nun dem Lohengrin zuteile, die sich längst einander liebten; doch behielt er sich insgeheim voraus, daß ihr Mund alle Fragen nach seiner Herkunft zu vermeiden habe; denn sonst müsse er sie augenblicklich verlassen.

Eine Zeitlang verlebten die Eheleute in ungestörtem Glück, und Lohengrin beherrschte das Land weise und mächtig; auch dem Kaiser leistete er auf den Zügen gegen die Hunnen und Heiden große Dienste. Es trug sich aber zu, daß er einmal im Speerwechsel den Herzog von Kleve herunterstach und dieser den Arm zerbrach; neidisch redete da die Klever Herzogin laut unter den Frauen: »Ein kühner Held mag Lohengrin sein, und Christenglauben scheint er zu haben; schade, daß Adels halben sein Ruhm gering ist; denn niemand weiß, woher er ans Land geschwommen kam.« Dies Wort ging der Herzogin von Brabant durch das Herz, sie errötete und erblich. Nachts im Bette, als ihr Gemahl sie in Armen hielt, weinte sie; er sprach: »Lieb, was wirret dir?« Sie antwortete: »Die Klever Herzogin hat mich zu tiefem Seufzen gebracht«, aber Lohengrin schwieg und fragte nicht weiter. Die zweite Nacht weinte sie wieder; er aber merkte es wohl und stillte sie nochmals. Allein in der dritten Nacht konnte sich Elsam nicht länger halten und sprach: »Herr, zürnt mir nicht! Ich wüßte gern, von wannen Ihr geboren seid; denn mein Herz sagt mir, Ihr seiet reich an Adel.« Als nun der Tag anbrach, erklärte Lohengrin öffentlich, von woher er stamme: daß Parzival sein Vater sei und Gott ihn vom Grale hergesandt habe. Darauf ließ er seine beiden Kinder bringen, die ihm die Herzogin geboren, küßte sie und befahl, ihnen Horn und Schwert, das er zurücklasse, wohl aufzuheben; der Herzogin ließ er das Fingerlein, das ihm einst seine Mutter geschenkt hatte. Da kam mit Eile sein Freund, der Schwan, geschwommen, hinter ihm das Schifflein; der Fürst trat hinein und fuhr wider Wasser und Wege in des Grales Amt. Elsam sank ohnmächtig nieder, daß man mit einem Keil ihre Zähne aufbrechen und ihr Wasser eingießen mußte. Kaiser und Reich nahmen sich der Waisen an; die Kinder hießen Johann und Lohengrin. Die Witwe aber weinte und klagte ihr übriges Leben lang um den geliebten Gemahl, der nimmer wiederkehrte.

Marie de France

DER WERWOLF

Da ich es unternommen habe, Lais zu dichten, darf ich den Werwolf nicht vergessen. Bisclavret heißt er auf bretonisch, Garulf nennen ihn die Normannen.

Einst konnte man es erzählen hören, und oft geschah es wirklich, daß ein Mensch zum Werwolf wurde und in den Wäldern hauste. Der Werwolf ist ein wildes Tier und verschlingt in seiner Wut auch Menschen und richtet großen Schaden an, er streunt durch die großen Wälder. Doch lassen wir das jetzt. Von Bisclavret will ich Euch erzählen.

In der Bretagne lebte ein Edelmann, von dessen Ruhm ich Wunderbares sagen hörte. Er war ein schöner und tapferer Ritter, von vornehmer Art. Mit seinem Lehensherrn war er eng befreundet, alle seine Nachbarn hatten ihn gern. Er hatte eine Frau von hohem Rang und von sehr schöner Erscheinung geheiratet. Er liebte sie, und sie liebte ihn wieder. Aber etwas machte ihr großen Kummer: jede Woche mußte sie ihn drei volle Tage entbehren, ohne daß sie wußte, was aus ihm geworden noch wohin er gegangen war. Auch von ihrer

Umgebung wußte niemand etwas Näheres. Einmal, als er heiter und froh nach Hause zurückgekommen war, drang sie in ihn und sagte: »Mein Gebieter, mein bester und geliebter Freund, nach etwas würde ich Euch brennend gerne fragen, wagte ich es nur. Doch fürchte ich Euren Zorn so sehr, daß ich davor zurückschrecke.«

Als er das gehört hatte, nahm er sie in die Arme, zog sie an sich und küßte sie. »Madame«, sagte er, »fragt nur! Was auch immer Ihr wissen wollt, werde ich Euch sagen, falls ich es vermag.«

»Gottlob«, sprach sie bei sich, »so bin ich gerettet!« Und zu ihm: »Herr, ich bin in solcher Angst in den Tagen, die Ihr fern von mir verbringt. Ich habe so große Qual im Herzen und solche Furcht, Euch zu verlieren, daß ich sterbe, wenn man mir nicht bald hilft. So sagt mir doch, wohin Ihr geht, wo Ihr bleibt und Euch aufhaltet! Ich meine gar, Ihr seid verliebt! Wenn dem so ist, vergeht Ihr Euch an mir!«

»Madame«, sagte er, »um Gottes willen habt Erbarmen! Unglück wird mich treffen, wenn ich es Euch sage, denn Ihr werdet aufhören, mich zu lieben, und ich werde daran zugrunde gehen.«

Als die Frau es vernahm, begriff sie, daß er es ernst meinte. Trotzdem erkundigte sie sich wieder und wieder und umgarnte ihn so lange liebkosend und mit Schmeicheleien, bis er ihr sein Schicksal anvertraute – und er verheimlichte ihr nichts: »Madame, ich verwandle mich in einen Werwolf; ich verkrieche mich im Wald, wo er am dichtesten ist, und lebe dort von Raub und Beute.«

Nachdem er ihr alles gesagt hatte, wollte sie genau wissen, ob er seine Kleider jeweils ablegte oder ob er sie anbehielte.

»Madame«, sagte er, »ich laufe ganz nackt umher.«

»Aber um Gottes willen sagt mir, wo sind dann Eure Kleider?«

»Madame, das kann ich Euch nicht sagen, denn wenn ich sie verlieren würde und man mich so erblickte, dann müßte ich für immer ein Werwolf bleiben. Es gäbe für mich kein Zurück mehr bis zu dem Augenblick, in dem ich sie wiedererlangte. Darum möchte ich nicht, daß man es weiß.«

»Herr«, antwortete ihm die Frau, »ich liebe Euch mehr als alles auf der Welt, Ihr dürft mir nichts verheimlichen oder mir irgendwie mißtrauen. So sieht doch keine Liebe aus! Was habe ich denn begangen oder verschuldet, daß Ihr an mir zweifelt? Teilt mir das Geheimnis mit, Ihr tut gut daran!«

Sie quälte ihn so lange und bedrängte ihn derart, daß er nicht anders konnte und es ihr sagte: »Madame, am Rande des Waldes, nahe dem Weg, den ich einschlage, steht eine alte Kapelle, die mir oft von Nutzen war: dort, unter einem Strauch, liegt ein großer ausgehöhlter Stein, darunter lasse ich meine Kleider so lange, bis ich mich wieder nach Hause aufmache.«

Die Frau hörte sich diese wunderliche Erzählung an und wurde hochrot vor Angst, so erschreckte sie dieses Abenteuer. Sie stellte mancherlei Überlegung an, wie sie sich von ihrem Mann trennen könnte. Von jetzt an wollte sie nicht mehr an seiner Seite liegen.

Nun gab es einen Ritter im Lande, der sie lange Zeit geliebt, oft um sie geworben und ihr mit großer Beharrlichkeit gedient hatte. Doch hatte sie ihn nicht geliebt, ihn auch nie ihrer Liebe versichert. Diesen ließ sie jetzt durch einen Boten zu sich entbieten, und ihm entdeckte sie ihre Lage.

»Mein Freund«, sagte sie ihm, »Ihr könnt Euch freuen: worum Ihr Euch so lange gequält habt, das schenke ich Euch jetzt, ohne zu zaudern. Ich habe nichts mehr dagegen einzuwenden. Meine Liebe und meinen Leib gewähre ich Euch, macht mich zu Eurer Geliebten!«

Der Ritter dankte ihr artig dafür, nahm ihr Versprechen an, und sie schwor ihm Treue. Dann vertraute sie ihm an, daß ihr Mann fortzugehen pflegte und was dann aus ihm wurde, ja, sie schilderte ihm den ganzen Weg, den er einzuschlagen pflegte, wenn er in den Wald ging – und schickte ihn endlich aus, seine Kleider zu stehlen. So wurde Bisclavret verraten und schändlich hintergangen von seiner Frau.

Da man ihn aber schon oft aus den Augen verloren hatte, glaubte man jetzt allgemein, er sei diesmal für immer davongegangen. Es wurde allenthalben nach ihm geforscht und gefragt, aber er blieb unauffindbar, so daß man die Suche aufgeben mußte. Die Frau heiratete dann den, der sie schon lange geliebt hatte.

So war ein ganzes Jahr vergangen, bis eines Tages der König zur Jagd ausritt und geradenwegs auf den Wald zuhielt, in dem der Werwolf hauste. Kaum waren die Hunde losgekoppelt, da spürten sie schon den Werwolf auf. Den ganzen Tag lang hetzten ihn Hunde und Jäger; beinahe hätten sie ihn eingefangen, zerrissen und übel zugerichtet. Aber kaum hatte dieser den König erkannt, stürzte er auf ihn zu, ihn um Erbarmen anzuflehen. Er faßte ihn am Steigbügel und leckte ihm Fuß und Bein.

Der König war bei seinem Anblick sehr erschrocken und rief alle seine Jagdgefährten: »Hierher, ihr Herren! Hierher! Schaut euch da dieses Wunder an, wie dies Tier sich demütigt! Es hat menschlichen Verstand, fleht um Erbarmen. Haltet mir die Hetzhunde zurück und achtet darauf, daß keiner es schlägt! Dieses Tier hat Sinn und Verstand. Beeilt euch! Kehren wir zurück! Ich lasse es in Ruhe – denn für heute jage ich nicht weiter.«

Der König kehrte augenblicklich um, der Werwolf

lief ihm nach; er hielt sich dicht bei ihm, wollte nicht weichen, bangte nur, er könnte ihn verlieren. Der König nahm das Tier mit sich auf sein Schloß. Es machte ihn froh und gut gelaunt, er hatte so etwas noch nicht gesehen. Er hielt es für ein Wunderwesen und ließ es sorgsam pflegen. Den Seinen legte er ans Herz, um seiner Freundschaft willen das Tier gut zu hegen und ihm nichts zuleide zu tun. Keiner dürfte es schlagen, es sollte gut gefüttert werden und zu trinken haben.

Die Ritter hüteten den Werwolf gerne. Er pflegte unter ihnen und nahe beim König zu schlafen. Es gab keinen, der ihn nicht hochschätzte. Er war so freimütig und guter Dinge, daß niemand ihm übel wollte. Wo immer der König sich aufhielt, war der Werwolf bedacht darauf, in seiner Nähe zu bleiben. Mit ihm zusammen lief er überall hin. Es war offensichtlich, daß er an dem König hing.

Nun hört, was sich weiter begab: Zu einem Hoftag, den der König abhielt, wurden alle Barone geladen – besonders diejenigen, die von ihm Land zu Lehen hatten –, damit sie an der Zeremonie teilnähmen und dem Fest größere Pracht verliehen.

Da kam auch der Ritter, der jetzt die Gattin Bisclavrets zur Frau hatte, kostbar angetan, in glänzendem Aufzug.

Er dachte nicht, noch ahnte er, dem Ehemann so nah zu sein. Sobald er aber im Schloß anlangte und Bisclavret ihn erblickte, sprang dieser ihn mit einem großen Satz an, packte ihn mit den Zähnen und zerrte ihn zu sich her. Auf der Stelle hätte er ihn übel zugerichtet, wenn der König ihn nicht zurückgerufen und mit der Peitsche gedroht hätte. Zweimal wollte Bisclavret ihn an diesem Tage beißen. Die meisten waren darüber entsetzt, denn dergleichen hatte er noch keinem Menschen angetan. Doch fanden alle im Hause, er verhalte sich so nicht ohne Grund. Wie dem auch sei, man müsse ihm etwas zuleide getan haben und Bisclavret wolle sich rächen.

Für dieses Mal blieb es dabei, wenigstens so lange, bis das Fest vorüber war und die Barone Abschied nahmen. Sie kehrten nach Hause zurück; als allererster natürlich derjenige, den der Werwolf angefallen hatte. Kein Wunder, daß er ihn deswegen haßte!

Es war nicht lange danach, wie ich hörte, daß der so höfische und weise König wieder in denselben Wald ging, wo man den Werwolf gefunden hatte. Der begleitete ihn jetzt. In der Nacht, zwar schon auf dem Heimweg, bezog er auf der Heide eine Unterkunft. Bisclavrets Frau wußte es. Sie zog sich besonders reizend an und kam am anderen Morgen vor den König, um ihn zu sprechen, wobei sie ihm ein reiches Geschenk überbringen ließ.

Als Bisclavret sie kommen sah, war er nicht mehr zu halten. Rasend vor Wut sprang er sie an. Hört nur, wie sehr er sich an ihr gerächt hat: er hat ihr die Nase aus dem Gesicht gerissen! Was konnte er ihr Schlimmeres antun? Sie bedrohten ihn von allen Seiten, hätten ihn beinah zerfetzt, da sagte ein verständiger Mann zum König: »Sire, hört auf mich! Dieses Tier hat an Eurer Seite gelebt. Ein jeder von uns hat es lange Zeit beobachtet und ist oft in seiner Nähe gewesen. Noch nie hat es einen Menschen angerührt oder sich tückisch gezeigt, außer gegenüber dieser Frau hier. Bei meiner Treue, ich könnte schwören, das Tier hat irgendeinen Zorn auf sie und ebenso auf ihren Mann. Das muß die Frau des Ritters sein, den Ihr einst teuer hieltet und der lange verschollen war, ohne daß wir wußten, was aus ihm geworden ist. Spannt die Frau auf die Folter, daß sie Euch verrät, warum das Tier sie haßt. Zwingt sie, es zu gestehen, wenn sie es weiß! Wir haben schon so manches Wunder in der Bretagne erlebt.«

Der König folgte seinem Rat, er sperrte den Mann ein, auch die Frau ließ er ergreifen und auf die Folter spannen. Aus Angst und Pein erzählte sie ihm alles von ihrem früheren Gemahl, wie sie ihn verraten und seiner Kleider beraubt hatte – das Abenteuer, das er ihr anvertraut hatte, wie er sich verwandelte und wohin er jeweils ging; und daß er nirgends im Lande mehr gesehen worden war, seitdem sie ihm die Kleider weggenommen hatte. So hielt sie es für sicher, ja war überzeugt, daß das Tier Bisclavret war.

Der König verlangte die Kleider und ließ diese, gleichgültig ob es der Frau recht war oder nicht, zurückbringen und dem Werwolf geben. Nachdem man sie ihm hingelegt hatte, kümmerte der sich aber nicht im geringsten darum.

Da rief der König jenen verständigen Mann, der ihm zum erstenmal geraten hatte, und dieser sagte: »Sire, das war falsch! Um nichts auf der Welt würde der Werwolf seine Kleider vor Euch zurücknehmen noch in Eurer Gegenwart seine Tiergestalt verwandeln. Ihr ahnt nicht, was Ihr ihm zumutet. Er empfindet darüber entsetzliche Scham. Laßt ihn in Eure Gemächer führen und seine Kleider dorthin bringen. Dort überlassen wir ihn eine ganze Weile sich selbst. Wenn er wieder Mensch wird, werden wir dessen schon gewahr.«

Der König selbst führte ihn hin und schloß alle Türen hinter ihm. Nach geraumer Zeit kehrte er in Begleitung zweier Edelleute zurück. Alle drei betraten das Gemach und fanden auf des Königs eigenem Bett den Ritter schlafend. Da lief der König hinzu, umarmte und küßte ihn an die hundert Mal.

Sobald es möglich war, gab er ihm alle seine Ländereien zurück und mehr noch, als ich zu sagen weiß. Die Frau aber verwies er des Landes und jagte sie davon. Und der, um dessentwillen sie ihren Mann verraten hatte, zog mit ihr in die Verbannung. Sie hatten viele Kinder, und alle waren gleich kenntlich an ihrem Aussehen und Gesicht. Viele Mädchen wurden in der Familie ohne Nase geboren und lebten also nasenlos – das ist wahr.

Das Abenteuer, von dem Ihr gehört habt, hat sich wirklich zugetragen, zweifelt daran nicht. Von Bisclavret wurde ein Lai gedichtet, damit man ihn für alle Zeit im Gedächtnis behalte.

Konrad von Megenberg

DAS GEFANGENE EINHORN AUS DEM BUCH DER NATUR

Unicornus ist – wie die alten Naturkundler berichten – ein Tier mit nur einem Horn auf der Stirn. Im Vergleich zu seiner großen Kraft hat es einen kleinen Körper und kurze Beine, gleichwohl ist es so gewandt und flink, daß kein Jäger es mit Gewalt erjagen kann. Die Alten wissen allerdings von der Möglichkeit, es mit Hilfe einer reinen Jungfrau zu fangen. Wenn sie allein im Wald sitzt, wo das Einhorn gewöhnlich seine Nahrung sucht, wird es von der Jungfrau angezogen. Es gibt seine Wildheit auf, legt seinen Kopf in ihren Schoß und schläft ein. Auf diese Weise fangen es die Jäger und führen es in den königlichen Palast, wo es alle Leute betrachten können.

Das Einhorn bedeutet unseren Herrn Jesus Christus. Er war zornig und grimmig, bevor er menschliche Gestalt annahm, denn er zürnte wegen der Überheblichkeit der Engel und wegen des Ungehorsams der Menschen auf Erden. Ihm begegnete die hochzulobende Jungfrau Maria mit ihrer keuschen Reinheit. Sie hielt ihn in der Wüste dieser vergänglichen Welt fest, als er vom Himmel herab in ihren keuschen Schoß sprang.

Später wurde er von äußerst scharfen Jägern, den Juden, gefangen und von ihnen schmachvoll getötet. Doch ist er danach auferstanden und gen Himmel gefahren in den Palast des himmlischen Königs. Dort erfreut sich die Gemeinschaft aller Heiligen und aller Engel an seinem Anblick.

Hugo von Trimberg

DAS DROHENDE EINHORN
EINE PARABEL

Ein Einhorn jagte einen Mann. In seiner Not lief er, so schnell er konnte, denn er mußte fürchten, daß ihn das Tier tötete. Er eilte, um dem Einhorn zu entkommen und Sicherheit vor ihm zu finden. Da gelangte er an einen Felshang, vor dem öffnete sich ein tiefer Abgrund geradezu wie eine Mauer ins Tal hinab. Von Angst erfüllt, sah der Bedrängte unter sich einen See, in dem tausend oder mehr Drachen und Schlangen schwammen. In Pech und Schwefel krümmten sie sich und reckten zu dem Mann ihre Schlünde empor. Seine Angst kann wohl niemand ermessen. Er stand da und spähte hin und her. An der Felswand erblickte er unter sich einen kleinen Baum, den versuchte er greifend zu erreichen und hängte sich an ihn. In der Tiefe sah er nun das Drachengewürm toben, über sich das Einhorn drohen. Währenddessen waren zwei Mäuse, eine schwarze und eine weiße, hinzugekommen, die sich eifrig darangemacht hatten, die Wurzeln des kleinen Baumes zu zernagen. Plötzlich entdeckte der arme angstvolle Mensch, dem von drei Seiten der Tod drohte, daß an einem Zweig neben ihm süßer Honig hing.

Seine Bedrängnis vergessend, leckte er nun von dem süßen Saft.

Bedenkt, so machen wir es alle! Denn das Einhorn symbolisiert den Tod, der alle Menschen in Angst bringt. Er jagt uns zu dem Höllensee. Da halten wir uns, wenn wir nicht weiterkönnen, an unserem Lebensbäumchen fest. Die zwei Mäuse nagen Tag und Nacht an unserem Leben. Wenn wir dann eine kleine Freudenmöglichkeit wie den Honig erblicken, vergessen wir alle künftige Not und lecken Honig. Wann der Baum umstürzt, wissen wir nicht. Ein falscher Trost hat uns verlockt. Wir hoffen alle auf ein langes Leben und genießen den Honig dieser Welt, ganz gleich wie finster und voller Dickicht der Wald dieser Welt ist, durch den wir alle Tage gehen.

James Thurber

DAS EINHORN IM GARTEN

Es war einmal ein Mann, der saß an einem sonnigen Morgen in der Frühstücksecke, und als er von seinem Rührei aufblickte, sah er im Garten ein weißes Einhorn mit einem goldenen Horn, das in aller Ruhe die Rosen abfraß. Der Mann ging ins Schlafzimmer hinauf und weckte seine friedlich schlummernde Frau mit dem Ruf: »Im Garten ist ein Einhorn und frißt Rosen!«

Sie öffnete die Augen und starrte ihn mißmutig an. »Das Einhorn ist ein Fabeltier«, murmelte sie und kehrte ihm den Rücken.

Der Mann ging langsam die Treppe hinunter und in den Garten hinaus. Das Einhorn war noch da und knabberte jetzt an den Tulpen. »Hier nimm, Einhorn«, sagte der Mann, rupfte eine Lilie ab und gab sie ihm. Das Einhorn fraß sie mit ernster Miene. Freudig bewegt, weil ein Einhorn in seinem Garten war, kehrte der Mann ins Haus zurück und weckte abermals seine Frau. »Das Einhorn hat eine Lilie gefressen«, berichtete er.

Die Frau setzte sich im Bett auf und musterte ihn mit kaltem Blick.

»Du bist ein Narr«, sagte sie, »und ich werde dich ins Narrenhaus stecken lassen.«

Der Mann, der die Worte »Narr« und »Narrenhaus« nie gemocht hatte und sie angesichts des strahlenden Morgens und des Einhorns in seinem Garten noch weniger mochte, dachte ein Weilchen nach. »Das werden wir ja sehen«, erwiderte er dann und ging zur Tür. »Es hat ein goldenes Horn mitten auf der Stirn«, teilte er seiner Frau noch mit, bevor er sich wieder in den Garten begab, um dem Einhorn zuzuschauen. Aber das Einhorn war fort. Der Mann setzte sich zwischen die Rosensträucher und schlief ein.

Sobald die Frau allein war, stand sie auf und kleidete sich an, so schnell sie konnte. Sie war sehr aufgeregt, und ihre Augen leuchteten triumphierend. Zuerst rief sie die Polizei an und dann einen Psychiater. Sie forderte sie auf, schleunigst in ihr Haus zu kommen und eine Zwangsjacke mitzubringen. Die Polizisten und der Psychiater kamen, setzten sich auf Stühle und betrachteten die Frau mit großem Interesse. »Mein Mann«, begann sie, »hat heute morgen ein Einhorn gesehen.«

Die Polizisten schauten den Psychiater an, und der Psychiater schaute die Polizisten an. »Er erzählte, es hätte eine Lilie gefressen«, fuhr sie fort. Der Psychiater schaute die Polizisten an, und die Polizisten schauten den Psychiater an. »Er erzählte, es hätte ein goldenes Horn mitten auf der Stirn«, schloß sie. Der Psychiater gab den Polizisten mit ernster Miene ein Zeichen. Sie sprangen von ihren Stühlen auf und ergriffen die Frau. Es fiel ihnen nicht leicht, sie zu überwältigen, denn sie wehrte sich erbittert, aber schließlich überwältigten sie

sie doch. Sie hatten sie gerade in die Zwangsjacke gesteckt, als der Mann hereinkam.

»Haben Sie Ihrer Frau erzählt, Sie hätten ein Einhorn gesehen?« fragten die Polizisten.

»Natürlich nicht«, antwortete der Mann. »Das Einhorn ist ein Fabeltier.«

»Mehr wollte ich nicht wissen«, sagte der Psychiater. »Schafft sie fort. Es tut mir leid, Sir, Ihre Frau Gemahlin ist total übergeschnappt.«

Die Polizisten führten die Frau ab, sosehr sie auch fluchte und schrie, und sperrten sie in eine Anstalt. Der Mann aber lebte glücklich und zufrieden bis an sein seliges Ende.

Moral: Wer andern eine Grube gräbt …

Eduard Mörike

DIE HAND DER JEZERTE

Märchen

In des Königs Garten, eh das Frühlicht schien, rührte der Myrtenbaum die Blätter, sagend:

»Ich spüre Morgenwind in meinen Zweigen; ich trinke schon den süßen Tau: wann wird Jezerte kommen?«

Und ihm antwortete die Pinie mit Säuseln:

»Am niedern Fenster seh ich sie, des Gärtners Jüngste, schon durchs zarte Gitter. Bald tritt sie aus dem Haus, steigt nieder die Stufen zum Quell und klärt ihr Angesicht, die Schöne.«

Darauf antwortete der Quell:

»Nicht Salböl hat mein Kind, nicht Öl der Rose; es tunkt sein Haar in meine lichte Schwärze, mit seinen Händen schöpft es mich. Stille! ich höre das Liebchen.«

Da kam des Gärtners Tochter zum Born, wusch sich und kämmte sich und flocht ihre Zöpfe.

Und sieh, es traf sich, daß Athmas, der König, aus dem Palaste ging, der Morgenkühle zu genießen, bevor der Tag anbrach; und wandelte den breiten Weg daher auf gelbem Sand und wurde der Dirne gewahr, trat nahe zu und stand betroffen über ihre Schönheit, begrüßte die Erschrockene und küßt' ihr die Stirn.

Seit diesem war sie Athmas lieb und kam nicht mehr von seiner Seite Tag und Nacht; trug köstliche Gewänder von Byssus und Seide, und war geehrt von den Vettern des Königs, weil sie sich hold und demütig erwies gegen Große und Kleine und gab den Armen viel.

Übers Jahr aber wurde Jezerte krank, und half ihr nichts, sie starb in ihrer Jugend.

Da ließ der König ihr am Garten des Palasts ein Grabgewölbe bauen, wo der Quell entsprang, darüber einen kleinen Tempel, und ließ ihr Bildnis drin aufstellen aus weißem Marmor, ihre ganze Gestalt, wie sie lebte, ein Wunderwerk der Kunst. Den Quell aber hielt das Volk heilig.

Alle Monden einmal ging der König dahin, um Jezerte zu weinen. Er redete mit niemand jenen Tag, man durfte nicht Speise noch Trank vor ihn bringen.

Er hatte aber eine andere Buhle, Naïra; die ward ihm gram darob und eiferte im stillen mit der Toten; gedachte, wie sie ihrem Herrn das Andenken an sie verkümmere und ihm das Bild verderbe.

Sie beschied insgeheim Jedanja zu sich, einen Jüngling, so dem König diente; der trug eine heimliche Liebe zu ihr, das war ihr nicht verborgen. Sie sprach zu ihm: »Du sollst mir einen Dienst erzeigen, dran ich erkennen will, was ich an dir habe. Vernimm. Ich höre von Jezerten immerdar, wie schön sie gewesen, so daß ich viel drum gäbe, nur ihr Bildnis zu sehn, und ob ich zwar das nicht vermag, weil mein Herr es verschworen, will ich doch eines von ihr sehen, ihre Hand, davon die Leute rühmen, es sei ihresgleichen nicht mehr zu finden. So sollst du mir nun dieses Wunder schaffen und mir vor Augen bringen, damit ich es glaube.«

»Ach, Herrin«, sagte er, »ich will dich selbst hinführen, daß du Jezerte beschauest, bei Nacht.«

»Mitnichten!« antwortete sie: »Wie könnte ich aus dem Palaste gehen? Tu, wie ich sagte, Lieber, und stille mein Gelüst.« – Und sie verhieß ihm große Gunst, da versprach es der Knabe.

Auf eine Nacht ersah er die Gelegenheit durch Pforten und Gänge, und kam zum Grabmal unbeschrieeen, denn die Wache stand in den Höfen. Er hatte aber einen künstlichen Haken, der öffnete das Schloß, und wie er eintrat, sah er das Bildnis stehn im Schein der Lampen; die brannten Tag und Nacht.

Er trat herzu, faßte die eine Hand und brach sie ab, hart über dem Gelenke, barg sie in seinen Busen, eilte und zog die Tür hinter sich zu.

Wie er nun längs der Mauer hinlief, vernahm er ein Geräusch und deuchte ihm als käme wer. Da nahm er in der Angst die Hand und warf sie über die Mauer hinweg in den Garten und floh. Die Hand fiel aber mitten in ein Veilchenbeet und nahm keinen Schaden. Alsbald gereuete den Jüngling seine Furcht, denn sie war eitel, und schlich in den Garten, die Hand wiederzuholen; er fand sie aber nicht, und suchte bis der Tag anfing zu grauen, und war wie verblendet. So machte er sich fort und kam in seine Kammer.

Am andern Morgen, als die Sonne schien, lustwandelte Athmas unter den Bäumen. Er kam von ungefähr an jenes Beet und sah die weiße Hand in den Veilchen und hob sie auf mit Schrecken, lief hinweg und es entstand ein großer Lärm durch den Palast. Kamen auch alsbald Knechte des Königs und sagten ihm an: »Wir haben in der Dämmerung Jedanja gesehn durch den Garten hin fliehen und haben seine Fußstapfen verfolgt.« - Darauf ward der Jüngling ergriffen und in das Gefängnis geworfen.

Naïra mittlerweile bangte nicht, denn sie war keck und sehr verschlagen. Berief in der Stille Maani zu sich, Jedanjas Bruder, und sagte: »Mich jammert dein Bruder, ich möchte ihm wohl heraushelfen, wenn er den Mut hätte, zu tun wie ich ihn heiße, und du mir eine Botschaft an ihn brächtest.«

Maani sprach: »Befiehl und nimm mein eigen Leben, daß ich nur den Knaben errette!«

Da hieß Naïra ihn schnell einen Pfeil herbeiholen. Sie aber nahm einen Griffel und schrieb der Länge nach auf den Schaft diese Worte:

»Verlange vor den König und sprich: ›Jedanja liebte Jezerten und war von ihr geliebt, und hängt sein Herz noch an der Toten, also daß er im blinden Wahn die Übeltat verübte.‹ So spreche mein Freund und fürchte nicht, daß ihn das Wort verderbe. Die dieses rät, wird alles gutmachen.«

Nachdem sie es geschrieben, sagte sie: »Nimm hin und schieße diesen Pfeil zu Nacht durchs Gitter, wo dein Bruder liegt im Turm.«

Maani ging und richtete es kühnlich aus.

Den andern Tag rief Athmas den Gefangenen vor sich und redete zu ihm: »Du hast das nicht von selbst getan. So bekenne denn, wer dich gedungen!«

Der Jüngling sagte: »Herr, niemand.«

Und als er Grund und Anlaß nennen sollte seines Frevels, verweigert' er's und schwieg, so hart man ihn bedrohte, und mußten ihn die Knechte wieder wegführen. Sie schlugen ihn und quälten ihn im Kerker, drei Tage nacheinander, solchermaßen, daß er nahe daran schien, zu sterben. Dies litt er aber listigerweise, der Absicht, daß er Glauben finden möge, wenn er nunmehr zu reden selbst begehrte. Ließ sich also am vierten Morgen, da die Peiniger aufs neue kamen, zu dem König bringen, fiel zitternd auf sein Angesicht, schien sprachlos, wie vor großer Angst und Reue, bis ihm verheißen ward, das Leben zu behalten, wofern er die Wahrheit bekenne. Da sagte er:

»So wisse, Herr! Bevor des Gärtners Tochter meinem Herrn gefiel, daß er sie für sich selbst erwählte, war sie von Jedanja geliebt, und sie liebte ihn wieder. Hernach floh ich hinweg aus Kummer, und kehrte nicht zur Stadt zurück, bis ich vernahm, Jezerte sei gestorben. Die ganze Zeit aber habe ich nicht aufgehört, das Kind zu lieben. Und da ich jüngst bei Nacht, von Sehnsucht übernommen, wider dein Gebot in das Gewölbe ging und sah das Bild, trieb mich unsinniges Verlangen, den Raub zu begehn.«

Der König hatte sich entfärbt bei dieser Rede und stand verworren eine Zeitlang in Gedanken; dann hieß er die Diener Jedanja freilassen, denn er zweifelte nicht mehr, daß dieser wahr gesprochen. Doch befahl er dem Jüngling und allen, die jetzo zugegen gewesen, bei Todesstrafe, nicht zu reden von der Sache.

Athmas war aber fortan sehr bekümmert, denn er dachte, Jezerte habe ihm gelogen, da sie ihm schwur, sie habe keinen Mann gekannt, bis sie der König gefunden; also daß er nicht wußte, sollte er die Tote ferner lieben oder hassen.

Einsmals, da Naïra sich bei ihm befand wie gewöhnlich, erblickte sie an seinem Sitz ein Kästchen von dunklem Holz, mit Perlen und Steinen geziert. Daran verweilten ihre Augen, bis Athmas es bemerkte und ihr winkte, das Kästchen zu öffnen. Sie lief und hob den Deckel auf, da lag Jezertes Hand darin auf einem Kissen. Sie sah dieselbe mit Verwunderung an und pries sie laut mit vielem Wesen vor dem König. Und er, indem er selber einen Blick hintat, sprach ohne Arg: »Schaut sie nicht traurig her, gleich einer Taube in der Fremde? Siehe, es war ein weißes Taubenpaar, nun hat der Wind die eine verstürmt von ihrer Hälfte weg. Ich will, daß sie der Grieche wieder mit dem Leib zusammenfüge.«

Diese Rede empfand Naïra sehr übel. Sie fing aber an, mit falschen Worten ihren Herrn zu trösten und sagte arglistig dabei, Jezerte möge wohl vor Gram um ihren Knaben krank geworden und gestorben sein. Hiemit empörte sie des Königes Herz und schaffte sich selbst keinen Vorteil, vielmehr ward er mißtrauisch gegen sie.

Er ging und sprach bei sich: Sollte es sein, wie dies Weib mir sagt, so will ich doch nimmer das Bildnis vertilgen. Wann jetzt die Zeit der heiligen fünf Nächte kommt, will ich's versenken in das Meer, nicht allzu fern der Stadt. Es sollen sich ergötzen an seiner Schönheit holde Geister in der Tiefe, und der Mond mit täuschendem Schein wird es vom Grund heraufheben. Dann werden die Schiffer dies Trugbild sehn und werden sich des Anblicks freuen.

Nicht lang hernach, da der König vor solchen Gedanken nicht schlief, erhob er sich von seinem Lager und ging nach dem Grabmal, sah das Bild, daran das abgebrochene Glied vom Künstler mit einer goldenen Spange wieder wohlbefestigt war, daß niemand einen Mangel hätte finden können, der es nicht wußte. Er kniete nieder, abgewendet von Jezerte, mit dem Gesicht gegen die Wand, und flehte Gott um ein gewisses Zeichen, ob das Kind unschuldig war oder nicht; wo nicht, so wollt er Jezerte vergessen von Stund an. Er hatte aber kaum gebetet, so ward der ganze Raum von süßem Duft erfüllt, als von Veilchen; als hätte Jezertes Hand von jenem Gartenbeet allen Wohlgeruch an sich genommen und jetzo von sich gelassen mit eins. Da wußte Athmas gewiß, sie sei ohne Tadel, wie er und jedermann sie immerdar gehalten; sprang auf, benetzte ihre Hand mit Tränen und dankte seinem Gott. Zugleich gelobte er ein großes Opfer, und ein zweites mit reichen Gaben an das arme Volk, wenn ihm der Täter geoffenbart würde.

Und sieh, den andern Morgen erschien Naïra zur gewohnten Stunde nicht in des Königs Gemächern, und ließ ihm sagen, sie sei krank, er möge auch nicht kommen, sie zu besuchen. Sie lag im Bette, weinte sehr vor ihren Frauen und tobte, stieß Verwünschungen aus und sagte nicht, was mit ihr sei; auch schickte sie den Arzt mit Zorn von sich.

Da sie nach einer Weile stiller geworden, rief sie herzu ihre Vertrauteste und wies ihr dar ihre rechte Hand, die war ganz schwarz, wie schwarzes Leder, bis an das Gelenk. Und sprach mit Lachen zu der ganz entsetzten Frau: »Diesmal wenn du nicht weißt zu schmeicheln und ein Bedenken hast, zu sagen, sie ist viel weißer als das Elfenbein, und zärter als ein Lotosblatt, will ich dir nicht feind sein!« – Dann weinte sie von neuem, besann sich und sagte mit Hast: »Nimm allen meinen Schmuck, Kleider und Gold zusammen, und schaffe, daß wir heute in der Nacht entkommen aus dem Schloß! Ich will aus diesem Lande.«

Das letzte Wort war ihr noch nicht vom Munde, da tat sich in der Wand dem Bette gegenüber eine Tür auf ohne Geräusch, die war bis diese Stunde für jedermann verborgen, und durch sie trat der König ein in das Gemach.

In ihrem Schrecken hielt Naïra beide Hände vors Gesicht, alsdann fuhr sie zurück und barg sich in die Kissen. Er aber rief: »Bei meinem Haupt, ich wollte, daß meine Augen dieses nicht gesehen hätten!« – So zornig er auch schien, man konnte doch wohl merken, daß es ihm leid tat um das Weib.

Er ging indes, wie er gekommen war, und sagte es den Fürsten, seinen Räten, an, alles, wie es gegangen. Diese verwunderten sich höchlich, und einer, Eldad, welcher ihm der nächste Vetter war, frug ihn: »Was will mein Herr, daß Naïra geschehe, und was dem Buben, den du losgelassen hattest?« – Der König sagte: »Verbannet sei die Lügnerin an einen wüsten Ort. Ihr Blut begehre ich nicht; sie hat den Tod an der Hand. Jedanja mögt ihr fangen und verwahren.«

Es war aber im Meer, zwo Meilen von dem Strand, an dem die Stadt gelegen, eine Insel, von Menschen nicht bewohnt, nur Felsen und Bäume. Dahin beschloß Eldad sie bringen zu lassen; denn beide hatten sich immer gehaßt. Als ihr nun das verraten ward, obwohl es annoch geheim bleiben sollte, sprach sie sogleich zu ihren Frauen: »Nicht anderes hat er im Sinn, denn daß ich dort umkomme. Ihr werdet Naïra nicht sehen von dieser Insel wiederkehren.«

Fortan hielt sie sich still und trachtete auf keine Weise dem zu entgehn, das ihrer wartete. Sie machte sich vielmehr bereit zur Reise auf den andern Morgen. Denn schon war bestellt, daß ein Fahrzeug drei Stunden vor Tag sie an der hintern Pforte des Palasts empfange.

Und als sie in der Frühe völlig fertig war und angetan mit einem langen Schleier, und schaute durchs Fenster herab in die Gärten, da der Mond hell hineinschien, sprach sie auf einmal zu den Frauen: »Hört, was ich jetzo dachte, indem ich also stand und mir mein ganz Elend vor Augen war. Ich sagte bei mir selbst: du möchtest dies ja wohl erdulden alles, die Schmach, den Bann und den Tod, wenn du nicht müßtest mit dir nehmen das böse Mal an deiner Hand; denn es grauete mir vor mir selbst. In meinem Herzen sprach es da: Wenn du die Hand eintauchtest in Jezertes Quell beim Tempel, mit Bitten, daß sie dir vergebe, da wärest du rein. – Wer ginge nun gleich zu dem Hauptmann der Wache, daß er den Fürsten bitte, mir so viel zu gestatten?«

Und eine der Frauen lief alsbald. Der Hauptmann aber wollte nicht. Naïra sagte: »So gehe du selbst an den Quell, es wird dir niemand wehren, und tauche dieses Tuch hinein und bring es mir.«

Doch keine traute sich, ihr diesen Liebesdienst zu tun. Naïra rief und sah auf ihre Hand: »O wenn Jezertes Gottheit wollte, ein kleiner Vogel machte sich auf und striche seinen Flügel durch das Wasser und käme ans Fenster, daß ich ihn berühre!« – Dies aber mochte nicht geschehn; und kamen jetzt die Leute, Naïra abzuholen. Sie fuhr auf einem schlechten Boot, mit zween Schergen und acht Ruderknechten, schnell dahin; saß auf der mittlern Bank allein, gefesselt; zu ihren Füßen etwas Vorrat an Speisen und Getränk, nicht genug für fünf Tage. Und saß da still, in dichte Schleier eingewickelt, daß die Blicke der Männer sie nicht beleidigten, auch daß sie selbst nicht sehen mußte; und war, als schiffte sie schon jetzo unter den Schatten.

Bei jenem Eiland als sie angekommen waren, lösten die Begleiter ihre Bande und halfen ihr aussteigen; setzten drei Krüge und einen Korb mit Brot und Früchten auf den Stein und stießen wieder ab ungesäumt.

Die Männer behielten den Ort im Gesicht auf der Heimfahrt, solange sie vermochten, und sahen die Frau verhüllt dort sitzen, im Anfang ganz allein, so wie sie dieselbe verlassen, darnach aber gewahrten sie eine andere Frauengestalt, in weißen Gewändern, sitzend neben ihr.

Da hielten die Ruderer inne mit Rudern, und die Schergen berieten sich untereinander, ob man nicht umkehren solle. Der eine aber sagte: »Es gehet nicht natürlich zu, es ist ein Geist. Fahrt immer eilig zu, daß man's dem Fürsten anzeige.« – So taten sie und meldeten's Eldad; der aber verlachte und schalt sie sehr.

Jedanja unterdessen, nachdem er zeitig innegeworden, daß möchte seine Unwahrheit an Tag gekommen sein, hatte sich außer den Mauern der Stadt, unter dem Dach einer Tenne, versteckt. Und seine Brüder verkündigten ihm, Naïra sei heut nach dem Felsen gebracht. Alsbald verschwor er sich mit ihnen und etlichen Freunden, sie zu befrein, und wenn es alle den Hals kosten sollte.

Um Mitternacht bestiegen sie ein kleines Segelschiff, sechs rüstige Gesellen, mit Waffen wohlversehen. Sie mußten aber einen großen Umweg nehmen, weil Wächter waren am Strand verteilt und weithin hohes Felsgestad, da kein Schiff an- und abgehen konnte.

Dennoch am Abend des zweiten Tags, nach Ankunft der Naïra auf der Insel, erreichten sie dieselbige und erkannten bald den rechten Landungsplatz; sahen allda die Krüge und den Korb und fanden alles unberührt. Es überkam Jedanja große Angst um das Weib, das er liebte. Und suchten lang nach ihr und fanden sie zuletzt auf einem schönen Hügel unter einem Palmbaum liegen, tot; der Schleier über ihr Gesicht mit Fleiß gelegt, die Hände bloß und alle beide weiß wie der Schnee.

Da kamen die Jünglinge bald überein, es sollten ihrer vier auf gradem Weg zur Stadt zurücksteuern, derweil zwei andere bei der Leiche blieben. Jedanja selber wollte sich freiwillig vor den König stellen, ihm alles redlich zu gestehn und zu berichten, denn er kannte ihn für gut und großmütig und wußte wohl, es sei mit seinem Willen nicht also verfahren gegen Naïra. Auch kam er glücklich vor Athmas zu stehen, obwohl Eldad es verhindern wollte.

Wie nun der König alle diese Dinge, teils von dem Jüngling, teils von andern, aus dem Grund erforscht, auch jetzt erfahren hatte, was die Männer auf dem Boot gesehen, daraus er wohl merkte, Jezerte sei mit Naïra gewesen, da war er auf das äußerste bestürzt und so entrüstet über seinen Vetter, daß er ihn weg für immer jagte von dem Hof.

Zugleich verordnete der König, Naïra auf der Insel mit Ehren zu bestatten, ließ die Wildnis lichten und Gärten anlegen. In deren Mitte, auf dem Hügel, erbaute man das Grab bei dem Palmbaum, wo sie verschieden war.

Prosper Mérimée

DIE VENUS VON ILLE

Möge uns die Bildsäule wohlgesonnen sein,
denn sie gleicht sehr einem Menschen.
Lukian, Philopseudes

Ich stieg eben den letzten Hang des Canigou hinab. Die Sonne war bereits untergegangen, und doch konnte ich weit hinten in der Ebene die Häuser des Städtchens Ille erkennen, wohin mein Weg mich führte.

»Ihr wißt doch«, sagte ich zu dem Katalanen, der mir seit dem vorigen Tag als Führer diente, »Ihr wißt doch bestimmt, wo Herr von Peyrehorade wohnt?«

»Und ob ich das weiß!« rief der Mann. »Ich kenne sein Haus wie mein eigenes. Und wäre es nicht schon so finster, so könnte ich's Ihnen zeigen. Es ist das schönste Haus in ganz Ille. Geld hat er, der Herr von Peyrehorade, ja, das schon. Und seinen Sohn verheiratet er in noch reichere Kreise.«

»Und diese Heirat soll demnächst stattfinden?« fragte ich ihn.

»Schon sehr bald. Mag sein, daß die Fiedler für die Hochzeit schon bestellt sind. Vielleicht noch heut abend oder morgen, oder auch übermorgen, was weiß ich? In Puygarrig soll das vonstatten gehen. Die Braut, die der junge Herr heimführt, ist nämlich das Fräulein von Puygarrig. Ja, das wird ein schönes Fest!«

Ich hatte ein Empfehlungsschreiben meines Freundes P*** an Herrn von Peyrehorade bei mir. Er hatte ihn mir als einen ungemein gebildeten Altertumsforscher gerühmt und ihn dabei als einen Menschen von vorbildlicher, nie versagender Hilfsbereitschaft herausgestrichen. Er werde sich ein Vergnügen daraus machen, mir sämtliche alten Gemäuer auf zehn Meilen im Umkreis vorzuführen. Nun rechnete ich allerdings damit, daß er mich auf meinen Forschungsfahrten in die Umgebung von Ille begleiten werde, denn ich wußte, sie waren reich an Baudenkmälern aus dem Altertum und dem Mittelalter. So kam mir diese Heirat, von der ich heute zum erstenmal hörte, höchst ungelegen und brachte alle meine Pläne ins Wanken.

Ich komme da so recht als Spielverderber hereingeschneit, sagte ich mir. Und doch wurde ich erwartet; Herr von P*** hatte mich angemeldet, und jetzt mußte ich wohl oder übel hingehen.

»Wollen wir wetten, Herr«, sagte mein Führer, als wir schon drunten im Flachland waren, »wetten wir eine Zigarre, daß ich erraten kann, was Sie bei Herrn von Peyrehorade vorhaben?«

»Schwer ist das allerdings nicht zu erraten«, gab ich ihm zur Antwort und reichte ihm eine Zigarre. »Um diese späte Stunde, nach einer Fußwanderung im Canigou, gute sechs Meilen weit, ist das Dringendste, was zu erledigen ist, ein tüchtiges Abendbrot.«

»Freilich, ja. Aber morgen? … Sehen Sie: ich möchte wetten, Sie kommen nach Ille, um das Götzenbild anzuschauen. Das hab ich mir doch gleich gedacht, als ich Sie gestern die Heiligen in Serrabona abzeichnen sah.«

»Das Götzenbild? Was denn für ein Götzenbild?« Dieses Wort hatte meine Neugier geweckt.

»Was denn! Hat man Ihnen denn in Perpignan nicht erzählt, daß Herr von Peyrehorade ein Götzenbild aus der Erde ausgegraben hat?«

»Ihr meint wohl: ein Bildwerk aus gebrannter Erde, aus Terrakotta, ein tönernes Standbild?«

»Nein, nein. Aus Kupfer ist das Ding, und einen ganzen Haufen Kupfermünzen könnte man daraus prägen. Schwer ist das Zeug, wie eine Kirchenglocke. Ganz tief im Boden, am Fuße eines Olivenbaums, haben wir es herausgeholt.«

»Ihr seid also dabei gewesen, als es entdeckt wurde?«

»Freilich, Herr. Vor vierzehn Tagen hat uns, Jean Coll und mich, Herr von Peyrehorade geheißen, wir sollten einen alten Ölbaum umhauen, der im Vorjahr erfroren war. Der Winter war ja ungewöhnlich streng, das wissen Sie ja. Während wir so gruben und buddelten, und Jean Coll, der legte sich gewaltig ins Zeug und schuftete wie ein Wilder, da auf einmal stieß er mit seiner Hacke gegen etwas Hartes, und ich hörte, wie es *bimm* machte, gerade wie wenn er auf eine Glocke geschlagen hätte. ›Was ist denn das?‹ frag ich. Wir hacken weiter drauflos, wir hacken und graben, und mit einemmal kommt eine schwarze Hand zum Vorschein. Wie eine Totenhand sah sie aus, eine Leichenhand, die aus dem Boden herausragte. Mich packte die Angst. Ich rannte auf und davon, zum gnädigen Herrn, und schrie: ›Unterm Ölbaum liegen Leichen! Man muß den Pfarrer holen!‹ – ›Was für Leichen?‹ wollte er wissen. Dann kam er gleich mit, und kaum hatte er die Hand erblickt, rief er ganz aufgeregt: ›Eine Antike! Eine Antike!‹ Man hätte wahrhaftig meinen können, er habe einen Schatz gefunden. Und nun fing er an, wie verrückt mit der Hacke, ja mit den Händen zu graben und zu wühlen. Ganz allein verrichtete er sozusagen gleichviel Arbeit wie wir beide zusammen.«

»Und was habt ihr dann schließlich gefunden?«

»Eine große schwarze Frau, mehr als zur Hälfte nackt, mit Verlaub zu melden, Herr, und ganz aus Kupfer. Und Herr von Peyrehorade hat uns gesagt, es sei ein Götzenbild aus der Heidenzeit ... aus der Zeit Karls des Großen ... oder so.«

»Ich kann mir schon denken, was es sein wird ... Irgendeine harmlose Muttergottes aus Bronze, vermutlich aus einem zerstörten Kloster.«

»Eine heilige Muttergottes? Wo denken Sie hin? ... Ich hätte sie doch sofort erkannt, wenn's eine heilige Muttergottes gewesen wäre! Ein Götzenbild ist es, sag ich Ihnen. Man sieht's dem Weib schon am Gesicht an. Sie starrt einen mit ihren großen, weißen Augen an ... Ja, sie stiert einem geradezu ins Gesicht. Man muß die Augen niederschlagen, ja man hält ihren Blick einfach nicht aus.«

»Weiß sind die Augen, sagt Ihr? Wahrscheinlich inkrustiert, in die Bronze eingelegt. Vermutlich ist es eine Statue aus der Römerzeit.«

»Römer? Ja, richtig, so hieß es! Herr von Peyrehorade sagte auch, sie stamme aus der Römerzeit. Ah, ich sehe schon, Sie sind auch so ein gelehrtes Haus wie er.«

»Ist sie unbeschädigt, gut erhalten?«

»Oh, gar nichts fehlt daran, Herr! Sie ist sogar noch schöner und sorgfältiger ausgeführt als die bemalte Gipsbüste Louis-Philippes im Stadthaus. Trotz alledem will mir aber das Gesicht des Götzenbilds gar nicht gefallen. Bösartig und gemein sieht es aus … und es ist auch bös.«

»Bösartig? Was hat sie euch denn Böses getan?«

»Mir selber eigentlich nichts. Aber Sie werden ja gleich sehen. Wir hatten zu viert das Standbild aufrichten wollen, und auch Herr von Peyrehorade zog aus Leibeskräften mit an dem Seil, obschon er kaum stärker ist als ein Hühnchen, der gute Herr. Mit großer Mühe brachten wir's schließlich so weit, sie aufrecht zu stellen. Ich las gerade einen Ziegelbrocken auf und wollte ihn unterschieben, da auf einmal, bumms! fällt sie um, hintenüber wie ein Klotz. ›Obacht, dort unten!‹ rufe ich. Aber eben doch nicht schnell genug; denn Jean Coll fand nicht mehr Zeit, sein Bein wegzuziehen …«

»Und war er verletzt?«

»Glatt abgeknickt wie ein Rebstecken, entzwei war's, sein armes Bein! So ein elendiges Pech! Als ich das sah, packte mich die Wut. Mit der Hacke wollte ich das Götzenbild in Trümmer schlagen; aber Herr von Peyrehorade hielt mich davon ab. Er hat Jean Coll Geld gegeben; der aber ist immer noch bettlägerig, obschon nun bereits vierzehn Tage vergangen sind, seit ihm das zugestoßen ist. Und der Arzt meint, er werde nie mehr mit diesem Bein so gut gehen können wie mit dem andern. Es ist ein Jammer, denn er war unser bester Läufer und, nächst dem jungen Herrn, der geschickteste Ballspieler. Und Herr Alphonse von Peyrehorade hat es sich auch sehr zu Herzen genommen, denn mit Coll hat er immer am liebsten gespielt. Es war ein Hochgenuß, ihnen zuzusehen, wie sie einander die Bälle zurückschlugen. Paff! Paff! Nicht ein einziges Mal berührten sie den Boden.«

Unter solchen Gesprächen gelangten wir nach Ille, und bald darauf stand ich Herrn von Peyrehorade gegenüber. Er war ein kleiner alter Herr, noch rüstig und munter, hatte gepuderte Haare, eine rote Nase und sah überhaupt leutselig, umgänglich und zu allerlei Späßen aufgelegt aus. Noch bevor er mein Empfehlungsschreiben gelesen hatte, saß ich bereits vor einem reichgedeckten Tisch. Seiner Frau und seinem Sohn hatte er mich als einen berühmten Altertumsforscher vorgestellt, der berufen sei, das Roussillon der Vergessenheit zu entreißen, in die es dank der Gleichgültigkeit der Gelehrten geraten sei.

Während ich mit großem Appetit aß – denn nichts macht so hungrig wie die scharfe Bergluft –, schaute ich mir meinen Gastgeber und seine Angehörigen genauer an. Über Herrn von Peyrehorade habe ich bereits andeutungsweise einiges gesagt. Dem wäre noch beizufügen, daß er von einer quecksilbrigen Lebhaftigkeit war. Er redete, aß, stand auf, lief geschwind an seinen Bücherschrank, schleppte Bücher herbei, zeigte mir ein paar alte Stiche oder schenkte mir zu trinken ein. Keine zwei Minuten konnte er ruhig sitzen bleiben. Seine Frau war, wie fast alle Katalaninnen, wenn sie die Vierzig überschritten haben, ein bißchen zu üppig. Sie war eine ausgesprochen biedere Provinzhausfrau und kümmerte sich um nichts anderes als um ihren Haushalt. Obwohl das Essen für mindestens sechs Personen mehr als reichlich war, lief sie doch in die Küche, ließ ein paar Täubchen schlachten, Maiskuchen backen und brach ich weiß nicht wieviele Töpfe mit eingemachten Früchten an. Im Handumdrehen war der Tisch mit Schüsseln und Flaschen überladen, und ich hätte mich bestimmt übernommen und mir vielleicht gar den Tod geholt, wenn ich von allem, was man mir auftischte, auch nur gekostet hätte. Jedesmal aber, wenn ich ein Gericht verschmähte, ging ein neues Entschuldigungsgejammer los. Ich werde mich in Ille gar nicht wohl fühlen, hieß es immer wieder. Auf dem Lande stünden einem so wenig Bezugsquellen zu Gebote, und die Pariser seien ja alle so heikel!

Indes seine Eltern sich so viel Mühe und Sorgen machten und geschäftig hin und her eilten, blieb Herr Alphonse von Peyrehorade stocksteif und seelenruhig sitzen. Er war ein stattlicher junger Mann von sechsundzwanzig Jahren. Seine Züge waren schön und regelmäßig, entbehrten jedoch jeglichen Ausdrucks. Sein Wuchs und sein athletischer Körperbau machten seinen Ruf als unermüdlicher Ballspieler, den er weitherum genoß, durchaus glaubhaft. An jenem Abend war er mit ausgesuchter Eleganz gekleidet, genau nach der allerneuesten Mode, und wirkte wie ein Bild aus einem Modejournal. Offensichtlich war es ihm aber nicht ganz wohl in seinen Kleidern. Er saß bocksteif da in seinem hohen Samtkragen, und wenn er sich einmal umwandte, dann drehte er immer den ganzen Oberkörper. Seine großen braungebrannten Hände, die kurzen Fingernägel paßten nur schlecht zu seinem Anzug. Es waren Bauernhände, die aus den Ärmeln eines Dandy hervorschauten. Obwohl er mich übrigens voll Neugier von Kopf bis Fuß maß – kam ich doch aus Paris! –, so richtete er doch im Verlauf des ganzen Abends nur ein einziges Mal das Wort an mich, und zwar fragte er, wo ich meine goldene Uhrkette gekauft habe.

»Also, mein wertgeschätzter Gast«, sagte Herr von Peyrehorade zu mir, als das Essen dem Ende zuging, »nun gehören Sie mir, Sie sind bei mir zu Gaste. Und ich lasse Sie nicht eher wieder fort, als bis Sie alle Sehenswürdigkeiten gesehen haben, die unsere Berge bieten können. Sie müssen unser Roussillon kennenlernen und ihm Gerechtigkeit widerfahren lassen. Sie haben ja keine Ahnung, was wir Ihnen alles zeigen können! Phönizische, keltische, römische, arabische und byzantinische Baudenkmäler und Altertümer, alles sollen Sie zu sehen kriegen, von vorne bis hinten und von A bis Z. Ich werde Sie überall herumführen und erlasse Ihnen auch nicht einen einzigen Ziegelstein.«

Ein Hustenanfall zwang ihn innezuhalten. Ich benutzte die Gelegenheit und sagte ihm, ich wäre untröstlich, wenn ich ihm in einem Augenblick ungelegen käme, der für seine Familie so wichtig und bedeutungsvoll sei. Wolle er mir jedoch gütigst mit seinen trefflichen Ratschlägen für die Ausflüge, die ich zu unternehmen gedächte, zur Seite stehen, so könne ich, ohne daß er mich zu begleiten brauche …

»Aha, Sie meinen die Hochzeit dieses Burschen da!« fiel er mir mit lauter Stimme ins Wort. »Hat nichts zu besagen! Das ist übermorgen schon aus und vorbei. Sie feiern natürlich mit uns Hochzeit, nur im engsten Familienkreis. Die Braut trägt Trauer für eine alte Erbtante. Darum findet keinerlei Festlichkeit statt, kein Ball … eigentlich schade … Sie hätten unsere Katalaninnen tanzen sehen können! … Verteufelt hübsche Weiber sind das, und wer weiß, am Ende hätten Sie gar Lust bekommen, es meinem Alphonse nachzutun! Eine Hochzeit, sagt man ja, ruft die andere … Am Samstag, sobald die jungen Leute ein Paar sind, bin ich frei, und wir können uns auf den Weg machen. Ich möchte Sie um Verzeihung bitten, daß ich Sie mit einer ländlichen Hochzeit langweilen muß. Für einen verwöhnten Pariser, der ja bis zum Überdruß Feste erlebt! … Und erst noch eine Hochzeit ohne Tanz! Immerhin werden Sie ein Bräutchen zu sehen kriegen … ein Bräutchen … na, Sie werden mir nachher Bescheid sagen! … Aber Sie sind ein gesetzter Mann und haben wichtigere Dinge im Kopf als das Liebäugeln mit den Weibern. Ich habe auch weit Besseres zu bieten. Ich muß Ihnen da etwas zeigen! … Eine ganz tolle Überraschung habe ich Ihnen für morgen aufgehoben!«

»Mein Gott«, sagte ich darauf, »es ist nicht leicht, in seinem Haus einen Schatz zu verwahren, ohne daß die ganze Stadt darum weiß. Ich habe, glaube ich, eine leise Ahnung, was Sie für eine Überraschung für mich bereithalten. Wenn es sich aber um Ihre Statue handelt, so hat die Schilderung, die mir mein Führer davon gab, meine Neugier nur noch gesteigert: ich bin aufs höchste gespannt und von vornherein zu jeder Bewunderung bereit.«

»Aha! Er hat Ihnen von dem Götzenbild erzählt? Denn so nennen die Leute hier meine schöne Venus Tur … Doch ich will Ihnen noch gar nichts verraten.

Morgen bei Tage sollen Sie die Statue sehen, und dann müssen Sie mir sagen, ob ich recht habe, wenn ich sie für ein Meisterwerk halte. Weiß Gott, günstiger hätten Sie nicht hereinschneien können! Es sind da ein paar Inschriften, die ich armer unwissender Stümper mir auf meine Weise erkläre ... Aber ein Gelehrter aus Paris! ... Sie werden mich vielleicht mit meiner Deutung auslachen ... Ich habe nämlich eine Abhandlung darüber verfaßt ... Jawohl, ich alter Provinzler und Altertumsforscher vom Lande bin noch unter die Schriftsteller gegangen ... Ich habe vor, der Druckerpresse Arbeit zu geben ... Wenn Sie die Güte hätten und meine Arbeit durchlesen und verbessern wollten, dann könnte ich hoffen ... Beispielsweise bin ich höchst gespannt, wie Sie die Inschrift auf dem Sockel: *CAVE* ... übersetzen werden. Aber ich will Sie jetzt noch nicht mit Fragen behelligen. Auf morgen also, auf morgen! Und für heute kein Wort mehr über die Venus.«

»Recht hast du, Peyrehorade«, sagte seine Frau, »wenn du mit deinem Götzenbild endlich aufhörst! Siehst du denn nicht, daß du unsern Gast gar nicht zum Essen kommen läßt? Schau, in Paris hat der Herr doch viel schönere Statuen gesehen, als deine ist. In den Tuilerien stehen sie ja zu Dutzenden herum, und alle auch aus Bronze.«

»Da haben wir sie wieder, die Unkenntnis, die heilige Einfalt vom Lande!« schnitt ihr Herr von Peyrehorade das Wort ab. »Wie kann man nur ein herrliches antikes Kunstwerk mit den banalen Figuren eines Coustou vergleichen!

Wie schwätzt respektlos, kaum zu schildern,
Mein Weib von hehren Götterbildern!

Wissen Sie, welches Ansinnen meine Frau an mich gestellt hat? Ich solle die Statue einschmelzen und daraus eine Glocke für unsere Dorfkirche gießen lassen! Sie wäre dann nämlich Taufpatin gewesen! Ein Meisterwerk des Myron, lieber Herr!«

»Meisterwerk! Meisterwerk! Ein sauberes Meisterwerk hat sie jedenfalls vollbracht! Einem Mann das Bein entzweizubrechen!«

»Schau her, liebe Frau«, versetzte Herr von Peyrehorade in entschlossenem Ton und streckte ihr sein rechtes Bein im bunten Seidenstrumpf hin, »wenn mir meine Venus dieses Bein entzweigeschlagen hätte, ich wäre ihr deswegen nicht gram!«

»Du gütiger Herrgott im Himmel! Peyrehorade, wie kannst du bloß solche Reden führen?! Zum Glück geht es dem Mann wieder besser... Und trotzdem bringe ich's nicht über mich, das Götzenbild anzuschauen, nachdem es solches Unheil angerichtet hat. Der arme Jean Coll!«

»Venus hat ihn versehrt, mein lieber Herr!« spöttelte Herr von Peyrehorade und lachte schallend dazu. »Venus hat ihn versehrt, und da geht der Rüpel hin und beklagt sich noch!

Veneris nec prœmia noris.

Wen hat Venus noch nie geschlagen?«

Herr Alphonse, der besser Französisch verstand als Latein, zwinkerte verständnisinnig mit den Augen und warf mir einen Blick zu, als wollte er fragen: »Und Sie, Pariser, verstehen das doch?«

Das Mahl war zu Ende. Schon seit gut einer Stunde hatte ich mit dem Essen aufgehört. Ich war müde und konnte nicht mehr länger das Gähnen unterdrücken, das mich unwiderstehlich von Zeit zu Zeit befiel. Frau von Peyrehorade bemerkte es zuerst und gab zu bedenken, es sei Schlafenszeit. Und nun ging das Gejammer erst recht los, weil ich mit einem so schlechten Nachtlager vorliebnehmen müsse; ich werde natürlich nicht so gut schlafen wie in Paris. Auf dem Lande sei man eben übel dran! Ich müsse Nachsicht üben mit den rückständigen Bewohnern des Roussillon! Umsonst beteuerte ich, nach einer Fußwanderung durch die Berge werde eine Schütte Stroh für mich ein köstliches Nachtlager bieten, man bat mich trotzdem immer wieder, ich möchte es armen Landleuten nicht verübeln, wenn sie mich nicht so gut und bequem beherbergen könnten, wie sie's gern täten. Endlich begab ich mich in die Kammer hinauf, die mir zugedacht war, und Herr von Peyrehorade zeigte mir den Weg. Die Stiege, deren oberste Stufen aus Holz waren, führte mitten auf einen Gang, auf den mehrere Türen hinausgingen.

»Rechterhand«, sagte mein Gastgeber zu mir, »liegt die Wohnung, die ich der künftigen Frau meines Alphonse zugedacht habe. Ihr Zimmer liegt zuhinterst im Gang auf der andern Seite. Sie verstehen doch«, setzte er mit einer pfiffig-schlauen Miene hinzu, »Sie verstehen doch, jungverheiratete Leutchen muß man allein lassen. Am einen Ende des Hauses wohnen Sie, und am andern das junge Ehepaar.«

Wir betraten ein wohnlich und nett ausgestattetes Zimmer, und der erste Gegenstand, auf den mein Blick fiel, war ein riesiges Bett, sieben Fuß lang und sechs breit, und so hoch, daß man einen Schemel brauchte, um sich hinaufzuhissen. Mein Gastgeber zeigte mir, wo die Klingel angebracht war, dann überzeugte er sich noch, daß die Zuckerdose frisch gefüllt war und die Flasche mit dem Kölnischwasser am rechten Ort bereitstand, und als er mich mehrmals gefragt hatte, ob mir auch nichts fehle, wünschte er mir eine gute Nacht und ließ mich allein.

Die Fenster waren geschlossen. Bevor ich mich auskleidete, öffnete ich eines, denn ich hatte das Bedürfnis, die frische Nachtluft in vollen Zügen einzuatmen. Nach einem ausgedehnten Nachtmahl kann ich mir nichts Köstlicheres denken. Gegenüber ragte der Canigou empor, der zu jeder Zeit einen zauberhaften Anblick bietet: heute nacht aber, wie er so im strahlenden Mondlicht dastand, schien er mir der schönste Berg auf der ganzen Welt. Eine Weile schaute ich schweigend hinüber auf seine großartigen Umrisse, und eben wollte ich das Fenster wieder schließen, da fiel mein Blick auf die Statue, die auf einem Piedestal keine vierzig Meter vom Hause entfernt stand. Sie war im Winkel eines Lebhags aufgestellt, der einen kleinen Garten von einem weiten, topfebenen viereckigen Platz schied. Späterhin erfuhr ich dann, daß dies der Ballspielplatz des Städtchens war. Das Grundstück gehörte Herrn von Peyrehorade, und er hatte es, auf inständiges Drängen seines Sohnes, der Gemeinde überlassen.

Aus der Entfernung, in der ich stand, war es für mich schwierig, die Haltung des Standbilds zu erkennen. Nur seine Höhe konnte ich einigermaßen abschätzen; ich hatte den Eindruck, es müsse ungefähr sechs Fuß hoch sein. In diesem Augenblick schlenderten zwei halbwüchsige Burschen aus der Stadt nahe bei der Hecke über den Platz und pfiffen im Vorübergehen ein hübsches Volkslied aus dem Roussillon. Nun blieben sie stehen und betrachteten die Statue. Einer von ihnen fing an, sie mit lauter Stimme zu beschimpfen. Er sprach katalanisch, aber ich hatte lange genug im Roussillon gelebt, um annähernd verstehen zu können, was er sagte.

»Da stehst du also, du Schandweib!« (Der katalanische Ausdruck war viel drastischer.) – »Da stehst du!« rief er. »Du also hast dem Jean Coll das Bein entzweigeschlagen! Wenn du mir gehörtest, ich würde dir dafür das Genick brechen!«

»Ach was, womit auch nur?« meinte der andere. »Sie ist doch aus Kupfer und so hart, daß Etienne letzthin daran seine Feile zuschanden geraspelt hat, als er versuchte, sie anzuritzen. Kupfer aus der Heidenzeit, das ist härter als Gott weiß was!«

»Hätt ich nur meinen Hartmeißel bei mir« – offenbar war der Bursche ein Schlosserlehrling –, »ich wollte ihr im Hui die großen weißen Glotzaugen ausbrechen, wie eine Mandel aus ihrer Schale. Da dran ist für mehr als fünf Franken Silber!«

Sie gingen ein paar Schritte weiter.

»Ich muß dem Götzenbild doch noch eine gute Nacht wünschen«, rief auf einmal der größere von den beiden Lehrjungen und blieb stehen.

Er bückte sich und hob vermutlich einen Stein auf. Ich sah, wie er weit mit dem Arm ausholte und etwas fortschleuderte, und gleich darauf dröhnte ein weithin hallender Aufschlag auf dem Erz der Statue. Im selben Augenblick aber griff der Bursche an seinen Kopf und stieß einen Schmerzensschrei aus.

»Sie hat ihn mir zurückgeworfen!« heulte er.

Und die beiden Schlingel rannten davon, so schnell sie ihre Beine trugen. Soviel war klar: der Stein war auf dem Metall abgeprallt und hatte den frechen Lümmel für den Schimpf gezüchtigt, den er der Göttin angetan hatte.

Ich mußte hellauf lachen, während ich das Fenster wieder schloß.

Noch so ein Vandale, den Venus straft! Möchten doch alle, die unsere alten Bauwerke schänden und einreißen, den Schädel eingeschlagen bekommen wie er!

Über diesem frommen Wunsch schlief ich ein.

Als ich wieder aufwachte, war es schon hellichter Tag, und an meinem Bette stand Herr von Peyrehorade im Schlafrock auf der einen Seite, und auf der andern ein Diener, der eine Tasse Schokolade in der Hand trug. Die gnädige Frau hatte ihn damit heraufgeschickt.

»Aufstehen! Vorwärts, Herr Pariser! Da sieht man wieder die Faulpelze aus der Großstadt!« sagte mein Gastgeber, während ich mich hastig anzog. »Schon acht Uhr, und Sie liegen noch im Bett! Ich bin schon seit sechs auf den Beinen. Dreimal war ich schon hier oben, auf den Zehenspitzen bin ich zu Ihrer Tür herangeschlichen. Nichts regte sich, kein Lebenszeichen war zu hören. In Ihrem Alter so lange zu schlafen, ist ungesund. Und meine Venus haben Sie immer noch nicht gesehen! Kommen Sie jetzt, trinken Sie geschwind diese Tasse Schokolade… Aus Barcelona… Echte Schmugglerware! … Solche Schokolade bekommen Sie in ganz Paris nirgendwo… Sie müssen Kräfte aufspeichern, denn wenn Sie erst einmal vor meiner Venus stehen, bringt man Sie nicht mehr von ihr weg!«

In fünf Minuten war ich bereit, das heißt notdürftig rasiert, schlecht und recht angekleidet und hatte mir den Mund an der Schokolade verbrannt, weil ich sie kochendheiß hinuntergestürzt hatte. Nun ging ich in den Garten hinab und stand vor einem herrlich schönen Bildwerk.

Es war in der Tat eine Venus, und von wundersamer Schönheit. Ihr Oberleib war unbekleidet, wie die Alten gewöhnlich die höchsten Gottheiten darstellten. Die rechte Hand war bis zur Brusthöhe erhoben und mit der Handfläche einwärts gedreht. Den Daumen und die beiden ersten Finger hielt sie ausgestreckt, die andern waren leicht eingebogen. Die linke Hand lag an der Hüfte und hielt das Gewand, das den untern Teil des Körpers verhüllte. Die ganze Haltung des Standbildes gemahnte an die Stellung des Morraspielers, den man – aus mir unerfindlichen Gründen – zumeist als *Germanicus* bezeichnet. Vielleicht hatte man die Göttin beim Morraspiel darstellen wollen.

Wie dem auch sein mag, jedenfalls konnte man unmöglich etwas Vollkommeneres sehen als den Körper dieser Venus. Nichts konnte anmutvoller und zugleich wollüstiger wirken als ihre Konturen. Etwas Geschmackvolleres und Edleres als ihr Gewänderwurf läßt sich kaum denken. Ich hatte mich auf irgendein Werk aus der späten Kaiserzeit gefaßt gemacht, und nun sah ich ein Meisterwerk aus der höchsten Blütezeit der Bildhauerkunst vor mir. Was mir vor allem auffiel, war die überaus reizvolle Lebenswahrheit der Formen. Man hätte wirklich glauben können, sie seien einem lebenden Leib nachgeformt worden, wenn die Natur überhaupt so vollkommene Vorbilder erschaffen könnte.

Das Haar war hoch in die Stirn hinaufgekämmt und offenbar früher einmal vergoldet gewesen. Der Kopf war klein, wie bei nahezu allen griechischen Statuen, und leicht vornübergeneigt. Das Antlitz jedoch werde ich wohl nie zu schildern imstande sein, so eigenartig und befremdend war sein Ausdruck. Der Gesichtstypus ließ sich mit dem keiner einzigen Statue, deren ich mich entsinnen konnte, auch nur annähernd vergleichen. Es war nicht die stille, strenge Schönheit der griechischen Bildhauer, die bewußt und grundsätzlich allen Zügen eine erhabene Unbewegtheit verliehen. Hier fiel mir im Gegenteil zu meiner Verwunderung die unverkennbare Absicht des Künstlers auf, dem Gesicht den Ausdruck von verschlagener Heimtücke zu geben, einer Tücke, die sogar bis zur Bösartigkeit ging. Alle Züge waren leicht verzerrt; die Augen standen ein wenig schräg, die Mundwinkel waren hochgezogen, die Nasenflügel etwas aufgebläht. Verachtung, Hohn, Grausamkeit, all dies las man auf diesem Antlitz, das aber desungeachtet unsagbar schön wirkte. In der Tat, je länger man dieses wunderbare Bildwerk anschaute, desto eindringlicher empfand man das unbehagliche Gefühl, daß eine so berückende Schönheit mit völliger Fühllosigkeit gepaart sein konnte.

»Wenn das Urbild dieser Statue jemals gelebt hat«, sagte ich zu Herrn von Peyrehorade, »und ich möchte bezweifeln, daß der Himmel je ein solches Weib erschaffen hat, dann tun mir ihre Liebhaber von Herzen leid! Sie muß sie mit wahrer Wollust in Tod und Verzweiflung getrieben haben. Im Ausdruck ihres Gesichts liegt etwas Ungezähmtes, Grausames, und doch habe ich noch nie etwas so Schönes gesehen.«

»Venus ganz in ihr Opfer verkrallt!« rief Herr von Peyrehorade, über meine Begeisterung beglückt.

Dieser Ausdruck höllischen Hohns wurde womöglich noch verstärkt durch den Kontrast zwischen ihren eingelegten, glänzend silbernen Augen und der schwärzlich-grünen Patina, die der ganzen Statue ihr hohes Alter verliehen hatte. Ihre leuchtenden Augen täuschten recht eigentlich wirkliches Leben vor. Sonderbare Illusion! Mir kam wieder in den Sinn, was mein Führer gesagt hatte: man müsse die Augen niederschlagen, wenn man ihr ins Gesicht blicke. Das entsprach beinah der Wahrheit, und ich konnte mich einer Regung des Unwillens über mich selber nicht erwehren, als ich spürte, wie mir beim Anblick dieser Bronzefigur einigermaßen unbehaglich zumute wurde.

»Nun haben Sie ja alles eingehend und gebührend bewundert, mein lieber Kollege in der Altertumsforschung«, sagte mein Wirt. »Jetzt wollen wir, wenn's Ihnen recht ist, ein wissenschaftliches Gespräch eröffnen. Was sagen Sie zu dieser Inschrift, die Sie bisher noch gar nicht beachtet haben?«

Und er wies auf den Sockel der Statue. Darauf las ich die folgenden Worte:

CAVE AMANTEM

»Quid dicis, doctissime?« fragte er und rieb sich die Hände. »Lassen Sie sehen, ob wir über den Sinn dieses *Cave amantem* einig gehen.«

»Nun, da sind zwei Auslegungen denkbar«, gab ich zur Antwort. »Man kann übersetzen: ›Nimm dich in acht vor dem, der dich liebt, hüte dich vor den Liebhabern‹ – Ich weiß freilich nicht, ob *Cave amantem* in dieser Bedeutung einwandfreies klassisches Latein wäre. Ziehe ich den teuflischen Gesichtsausdruck der Dame in Betracht, so neige ich eher zu der Ansicht, der Künstler habe den Beschauer vor dieser schreckenerregenden Schönheit warnen wollen. Ich möchte also etwa übersetzen: Hüte dich, nimm dich in acht, wenn sie dich liebt.«

»Mhm«, brummte Herr von Peyrehorade, »ja, gewiß, diese Deutung ist nicht von der Hand zu weisen. Aber, nichts für ungut, ich möchte gleichwohl die erste Übersetzungsart vorziehen. Immerhin will ich sie Ihnen noch ausführlicher begründen. Sie wissen doch, wer der Liebhaber der Venus war?«

»Es gibt mehrere.«

»Gewiß. Aber der wichtigste ist Vulkan. Soll dieser Spruch nicht einfach besagen: Trotz deiner Schönheit, ungeachtet deiner geringschätzig verachtungsvollen Miene bekommst du doch nur einen Schmied, einen garstigen Hinkebein zum Liebsten? – Eine tiefsinnige Lehre für gefallsüchtige Weiber, nicht?«

Ich konnte ein Lächeln nicht verkneifen, so gesucht und an den Haaren herbeigezogen dünkte mich diese Erklärung.

Aber ich wollte dem guten Mann nicht gern in aller Form widersprechen und bemerkte darum nur:

»Eine schreckliche Sprache, das Latein, mit seiner bündigen Knappheit.« Dann trat ich ein paar Schritte zurück, um die Statue besser ins Auge zu fassen.

»Einen Augenblick, Herr Kollege!« sagte Herr von Peyrehorade und faßte mich am Arm. »Sie haben noch nicht alles gesehen. Es ist noch eine andere Inschrift vorhanden. Steigen Sie auf den Sockel und sehen sie am rechten Arm nach.« Während er das sagte, half er mir hinauf.

Ich hielt mich ohne viel Umstände am Hals der Venus fest. Ich freundete mich nachgerade mit ihr ein wenig an. Einen Augenblick lang schaute ich ihr sogar dreist mitten ins Gesicht und fand, aus der Nähe sehe sie womöglich noch böser und noch schöner aus. Nunmehr konnte ich auch erkennen, daß auf ihrem Arm ein paar Schriftzeichen, wie mich dünkte, in antiker Kursivschrift, eingekratzt waren. Ich nahm meine Brille zu Hilfe und entzifferte mühsam folgende Worte, und während ich sie laut vor mich hin buchstabierte, sprach mir Herr von Peyrehorade jedes Wort nach, und sein Tonfall wie auch sein Gebärdenspiel drückten eifrig Zustimmung aus. Ich las:

VENERI TVRBVL ...
EVTYCHES MYRO
IMPERIO FECIT

Nach dem Wort *Turbul* auf der ersten Zeile waren anscheinend ein paar Buchstaben verwischt; aber *Turbul* stand noch deutlich lesbar da.

»Und das heißt? ...« fragte mich mein Wirt strahlend und mit verschmitzt-schadenfrohem Lächeln, denn er dachte wohl, ich werde aus diesem *Turbul* nicht so leicht klug werden.

»Es ist da ein Wort, das ich mir noch nicht erklären

kann«, erwiderte ich. »Alles übrige bietet keinerlei Schwierigkeit. Eutyches Myron hat diese Opfergabe auf ihr Geheiß der Venus dargebracht; so muß es heißen.«

»Ausgezeichnet. Was fangen Sie nun aber mit diesem *Turbul* an? Was bedeutet *Turbul?*«

»Dieses *Turbul* setzt mich in einige Verlegenheit. Ich zerbreche mir vergeblich den Kopf nach irgendeinem bekannten Beinamen der Venus, der mir dabei weiterhelfen könnte. Was würden Sie zu *Turbulenta* sagen? Die Venus, die verwirrt, die ängstigt und erregt ... Sie sehen, ich denke dabei nach wie vor besonders an ihren bösartigen Ausdruck. *Turbulenta* scheint mir gar kein so übler Beiname für eine Venus«, setzte ich in bescheidenem Ton hinzu, denn ich war selbst nicht sonderlich befriedigt von meiner Deutung.

»Venus die Ungestüme! Venus die Lärmende! Aha, Sie glauben wohl gar, meine Venus sei eine Kneipengöttin? Aber nein, ganz und gar nicht, verehrter Herr! Sie ist eine Venus, die sich überall sehen lassen kann, auch in der besten Gesellschaft! Aber ich will Ihnen dieses *Turbul* erklären ... Nur müssen Sie mir versprechen, daß Sie meine Erklärung nicht weitererzählen, bis meine Denkschrift gedruckt vorliegt. Sehen Sie, ich bin einigermaßen stolz auf diesen Fund ... Ihr müßt uns armen Teufeln von Provinzgelehrten doch auch noch ein paar armselige Ähren zur Nachlese übrig lassen. Ihr seid ja so reich, ihr Pariser Gelehrten!«

Ich stand immer noch oben auf dem Sockel, und von da oben versprach ich ihm feierlich, nie und nimmermehr werde ich so niederträchtig handeln und ihm seine Entdeckung stehlen.

»*Turbul* ..., lieber Herr«, sagte er und trat näher, wobei er seine Stimme zum leisen Flüstern dämpfte, damit kein Unberufener außer mir etwas hören konnte, »Sie müssen ergänzen: *Turbulnerae.*«

»Daraus werde ich auch nicht klug.«

»Hören Sie gut zu. Eine Meile von hier entfernt liegt am Fuße des Berges ein Dorf namens Boulternère. Dieser Name ist eine verballhornte Form des lateinischen Namens *Turbulnera.* Nichts häufiger als solche Silbenumstellungen. Boulternère, bester Herr, war einst eine römische Stadt. Ich hatte es immer geahnt, aber nie beweisen können. Nun haben wir den Beweis. Diese Venus war die Ortsgottheit der Stadt Boulternère, und das Wort Boulternère, von dem ich eben bewiesen habe, daß es antiken Ursprungs ist, beweist seinerseits etwas höchst Seltsames, daß nämlich Boulternère, ehe es römisch wurde, eine phönizische Siedlung gewesen ist!«

Er hielt einen Augenblick inne, um Atem zu schöpfen und sich an meiner Überraschung zu weiden. Ich brachte es fertig, mir einen unbezwinglichen Lachanfall zu verbeißen.

»In der Tat«, fuhr er fort, »*Turbulnera* ist reinstes Phönizisch. TVR und SVR sind das gleiche Wort, nicht wahr? SUR ist der phönizische Name für Tyrus. Die Bedeutung brauchte ich Ihnen ja nicht in Erinnerung zu rufen. *BVL* ist dasselbe wie Baal, Bâl, Bel, Bul, nichts als leichte Abweichungen in der Aussprache. Das *NERA* nun macht mir einige Mühe. Ich bin nicht abgeneigt, in Ermangelung eines phönizischen Wortes anzunehmen, es komme vom griechischen *nerós*, feucht, sumpfig. Wir hätten es so mit einem Wort zu tun, das aus verschiedenen Sprachen zusammengestellt ist. Um meine Deutung des Wortes *nerós* zu rechtfertigen, werde ich Ihnen in Boulternère zeigen, wie die Bergbäche dort faulige Brackwassertümpel bilden. Andererseits hätte die Endsilbe *NERA* auch erst viel später zu Ehren der Nera Pivesuvia, der Gemahlin des Tetricus, angehängt worden sein können. Sie soll angeblich der Stadt Turbul allerlei Gutes erwiesen haben. Aber wegen der sumpfigen Bracklachen neige ich eher zur Etymologie *nerós*.«

Hochbefriedigt nahm er daraufhin eine Prise Schnupftabak.

»Doch lassen wir die Phönizier und kommen wir auf unsere Inschrift zurück. Ich übersetze also: Der Venus von Boulternère weiht Myron auf ihren Befehl dieses Standbild, sein Werk.«

Ich hütete mich wohlweislich, seine Erklärung zu bemängeln. Aber ich wollte nun meinerseits meinen Scharfsinn unter Beweis stellen und sagte zu ihm:

»Gemach, gemach, verehrter Herr! Myron hat sicherlich irgendeine Weihgabe gestiftet. Ich sehe aber keinen Anhaltspunkt dafür, daß es ausgerechnet diese Statue gewesen sein muß.«

»Wieso denn nicht?!« brauste er nun auf. »War Myron nicht ein berühmter griechischer Bildhauer? Die Begabung wird sich in der Familie weitervererbt haben. Einer von seinen Nachkommen muß dieses Bildwerk geschaffen haben. Das ist doch sonnenklar.«

»Aber«, gab ich zu bedenken, »ich sehe da am Arm ein kleines Loch. Ich glaube, es hat wohl dazu gedient, irgend etwas festzumachen, ein Armband zum Beispiel, das unser Myron der Venus als Sühneopfer dargebracht hat. Myron war unglücklich verliebt. Venus zürnte ihm. Er versöhnte sie durch diese Weihegabe, ein goldenes Armband. Ziehen Sie auch in Betracht, daß *fecit* oft für *consecravit* steht. Die beiden Ausdrücke sind eng sinnverwandt. Ich könnte Ihnen mehr als nur einen Beleg dafür beibringen, wenn ich den Grüter oder auch den Orelli zur Hand hätte. Es ist doch ganz natürlich, daß einem Liebenden Venus im Traum erscheint, daß ihm vorkommt, als gebe sie ihm den Auftrag, ihrem Standbild ein goldenes Armband zu spenden. Myron opferte ihr also ein Armband … Späterhin werden dann die Barbaren oder irgendein frevelhafter Dieb …«

»Aha, da sieht man, daß Sie Romane geschrieben haben!« rief mein Gastgeber und bot mir die Hand zum Herabsteigen. »Nein, bester Herr, hier haben wir ein Werk aus der Schule des Myron! Sehen Sie nur die Ausführung an, und Sie werden es zugeben müssen.«

Da ich grundsätzlich in ihre Ansichten verbohrten Altertumssammlern nie ernsthaft widerspreche, nickte ich zustimmend, als wäre ich überzeugt, und sagte:

»Ja, es ist ein wunderschönes Werk.«

»Oh, mein Gott!« rief auf einmal Herr von Peyrehorade, »schon wieder so ein Vandalenstück! Es muß jemand einen Stein nach der Statue geworfen haben!«

Er hatte, ein wenig oberhalb des Busens der Venus, eine weiße Schürfstelle entdeckt. Ich sah einen ebensolchen Fleck auch an den Fingern der rechten Hand; sie waren, so vermutete ich damals, von dem vorbeiflitzenden Stein gestreift worden, oder vielleicht war auch ein Splitter beim Aufschlagen abgespritzt und auf die Hand zurückgeprallt. Ich erzählte nun meinem

Wirt von der Schandtat, die ich mit angesehen hatte, und von der unverzüglich eingetroffenen Sühnung. Er mußte herzlich darüber lachen, verglich darauf den Lehrling mit Diomedes und wünschte ihm, er möge, wie jener griechische Recke, alle seine Gefährten in weiße Vögel verwandelt sehen.

Die Glocke rief zum Mittagsmahl und unterbrach diese klassische Unterhaltung. Wie schon tags zuvor nötigte man mich, für vier zu essen. Hernach kamen ein paar Pächter des Herrn von Peyrehorade, und während er sie empfing, führte mich sein Sohn hinunter in den Hof, wo er mir eine Kalesche zeigte, die er für seine Braut in Toulouse gekauft hatte. Selbstverständlich bewunderte ich das Gefährt nach Gebühr. Hierauf ging ich mit ihm in den Stall, und er hielt mich eine halbe Stunde mit seinem ruhmredigen Schwadronieren über seine Pferde auf, mit der Aufzählung ihrer Stammbäume und der Preise, die sie bei den einheimischen Rennen gewonnen hatten. Zum Schluß kam er dann auch auf seine Zukünftige zu sprechen, und zwar brachte ihn eine Grauschimmelstute, die er ihr schenken wollte, darauf.

»Wir werden sie heute sehen«, sagte er. »Ich weiß nicht, ob sie Ihnen gefallen wird. Ihr seid wählerische Kenner, ihr Pariser. Hier aber und in Perpignan findet alle Welt sie bezaubernd. Das Gute daran ist, daß sie steinreich ist. Ihre Tante in Prades hat ihr ihr ganzes Vermögen hinterlassen. Mein Glück ist gemacht!«

Ich war zutiefst befremdet, weil ich sehen mußte, wie dem jungen Mann die Mitgift seiner zukünftigen Frau näher ging als ihre schönen Augen.

»Sie kennen sich doch in Schmuck aus«, fuhr Alphonse fort, »wie finden Sie das hier? Den Ring will ich ihr morgen verehren.«

Mit diesen Worten zog er vom ersten Glied seines kleinen Fingers einen protzigen, mit Diamanten besetzten Ring, zwei verschlungene Hände waren darauf zu sehen, eine Anspielung, die ich unsagbar poetisch fand! Die Arbeit war alt, aber ich hatte den Eindruck, man habe ihn überarbeitet, damit die Diamanten eingesetzt werden konnten. Im Innern des Ringes waren in gotischen Buchstaben die Worte *Sempr'ab ti*, das heißt: Immer mit dir – eingraviert.

»Ein hübscher Ring!« sagte ich. »Aber die Diamanten, die später dazugekommen sind, haben ihm ein wenig von seiner Eigenart genommen.«

»Oh, so ist er noch viel schöner«, gab er lächelnd zur Antwort. »Es sind für zwölfhundert Franken Diamanten daran. Meine Mutter hat ihn mir geschenkt. Er ist ein uraltes Erbstück … aus der Zeit des Rittertums. Meine Großmutter hat ihn schon getragen, und sie hatte ihn wiederum von ihrer Großmutter geerbt. Gott weiß, wann das Ding angefertigt worden ist.«

»In Paris«, sagte ich, »ist es Brauch, einen ganz schlichten Ring zu schenken, der gewöhnlich aus zwei verschiedenen Metallen, Gold und Platin zum Beispiel, gearbeitet ist. Sehen Sie, da, der andere Ring, den Sie am Finger tragen, wäre gerade das Passende. Der hier mit seinen Diamanten und seinen auftragenden Händen ist so dick, daß man unmöglich einen Handschuh darüber anziehen könnte.«

»Je nun, meine Frau wird es damit halten, wie sie will. Immerhin wird sie, glaub ich, froh sein, daß sie ihn hat. Zwölfhundert Franken am Finger herumzutragen hat etwas Beruhigendes. Den kleinen Ring da«, setzte er hinzu und betrachtete selbstgefällig den einfachen Ring, den er an der Hand trug, »den hat mir einmal an einem Fastnachtsdienstag in Paris eine Frau geschenkt. Ah, damals in Paris, vor zwei Jahren, da habe ich mich so richtig ausgetobt! Ja, dort kann man noch lustig sein!« Und er seufzte sehnsüchtig und entsagungsvoll.

An diesem Tage wurden wir bei den Eltern der Braut in Puygarrig zum Nachtmahl erwartet. Wir fuhren in einer Kutsche nach dem Schloß, das etwa anderthalb Meilen von Ille entfernt lag. Ich wurde als Freund der Familie vorgestellt und aufs herzlichste aufgenommen. Über das Essen will ich kein Wort verlieren, und ebensowenig über die daran anschließende Unterhaltung; ich beteiligte mich kaum am Gespräch. Herr Alphonse, der bei Tisch neben seiner Braut saß, flüsterte ihr allviertelstündlich ein paar Worte ins Ohr. Sie hob kaum die Augen von ihrem Teller, und jedesmal wenn ihr Zukünftiger etwas zu ihr sagte, errötete sie züchtig, gab ihm aber ohne jede Befangenheit Antwort.

Fräulein von Puygarrig zählte achtzehn Jahre, und ihre zierlich schmiegsame und zarte Gestalt wirkte neben den knochigen, ungeschlachten Gliedmaßen ihres robusten Bräutigams wie sein leibhaftiger Gegensatz. Sie war nicht nur schön, sondern geradezu berückend lieblich. Immer wieder mußte ich die vollendete Natürlichkeit ihrer Antworten bewundern, und der gütige Ausdruck ihres Gesichts, der freilich eines Anflugs von Schalkhaftigkeit nicht entriet, erinnerte mich unwillkürlich, ich weiß nicht wieso, an die Venus meines Gastgebers. Während ich nun im stillen diesen

Vergleich anstellte, fragte ich mich, ob die überlegene Schönheit, die man der Statue zugestehen mußte, nicht zu einem großen Teil auf ihrem raubtierhaft-wilden Ausdruck beruhte; denn Tatkraft und Willensstärke, selbst wenn sie argen Leidenschaften dienen, erwecken ja in uns immer Staunen und eine Art unwillkürlicher Bewunderung.

»Wie schade«, dachte ich, als wir aus Puygarrig wegfuhren, »wie schade, daß eine so liebenswerte Person so reich ist und daß ihre Mitgift einen Mann, der ihrer unwürdig ist, dazu verlockt hat, um sie anzuhalten.«

»Als wir nach Ille zurückkamen, sagte ich in meiner Hilflosigkeit, weil ich um einen Gesprächsstoff verlegen war, zu Madame von Peyrehorade, denn wohl oder übel mußte ich schicklicherweise ab und zu etwas zu ihr sagen:

»Hier im Roussillon seid ihr wahrhaftig nicht die Spur abergläubisch!« rief ich. »Wie könnten Sie sonst, gnädige Frau, an einem Freitag Hochzeit feiern? In Paris wären wir da eher bedenklich: kein Mensch würde es wagen, an einem solchen Tag zu heiraten.«

»Großer Gott! Schweigen Sie mir davon!« begehrte sie da auf. »Wäre es nur auf mich angekommen, so hätte man bestimmt einen anderen Tag gewählt! Aber Peyrehorade hat es so gewollt, und da habe ich ihm zuletzt nachgeben müssen. Freilich ist es mich schwer genug angekommen. Wenn nun ein Unglück geschähe? Irgend etwas muß doch an dem Volksglauben dran sein, sonst hätten die Leute nicht alle solche Angst vor dem Freitag!«

»Freitag!« mischte sich nun ihr Gatte ungefragt ins Gespräch, »Freitag ist der Tag der Venus! Ein Glückstag für eine Hochzeit! Sie sehen, mein hochverehrter Kollege, ich habe nur noch meine Venus im Kopf. Auf mein Wort, ihretwegen habe ich den Freitag gewählt. Wenn's Ihnen recht ist, wollen wir ihr morgen vor der Hochzeit ein kleines Opfer darbringen. Wir opfern ihr zwei Ringeltauben, und wüßte ich, wo ich Weihrauch herkriegen könnte ...«

»Pfui doch, Peyrehorade!« unterbrach ihn seine Frau aufs höchste aufgebracht, »einem Götzenbild Weihrauch spenden! Das wäre ja ein gotteslästerlicher Frevel! Was würden auch die Leute hier herum sagen!«

»Dann wirst du mir wenigstens erlauben«, lenkte Herr von Peyrehorade ein, »ihr einen Kranz aus Rosen und Lilien aufs Haupt zu setzen:

Manibus date lilia plenis.

Sie sehen, Verehrtester, die Verfassung ist ein leeres Wort: Die Freiheit der Glaubensausübung besitzen wir nicht!«

Für den kommenden Tag wurde der Festverlauf wie folgt vorgesehen: Punkt zehn Uhr sollten alle Teilnehmer fix und fertig bereit sein. Dann wollte man eine Tasse Schokolade trinken und hierauf im Wagen nach Puygarrig fahren. Die standesamtliche Trauung sollte im Gemeindehaus des Dorfes und die kirchliche Zeremonie in der Schloßkapelle vollzogen werden. Sodann fand ein Mittagessen statt. Nach dem Mittagmahl bis um sieben Uhr vertrieb sich jeder die Zeit, wie er konnte. Um sieben Uhr kehrte man nach Ille in Herrn von Peyrehorades Haus zurück, wo die beiden Familien gemeinsam das Nachtessen einnehmen sollten.

Alles Weitere ergab sich dann von selbst. Da es nicht wohl anging, daß getanzt wurde, hatte man wenigstens so viel wie nur möglich essen wollen.

Ab acht Uhr saß ich mit einem Bleistift in der Hand vor der Venus und versuchte schon zum zwanzigsten Mal, den Kopf der Statue abzuzeichnen, ohne daß es mir gelang, den eigenartigen Ausdruck festzuhalten. Herr von Peyrehorade trippelte geschäftig um mich herum und hin und her, erteilte mir Ratschläge und fing aufs neue mit seinen phönizischen Etymologien an; dann streute er bengalische Rosen auf den Sockel der Statue und richtete an sie in tragikomischem Ton allerhand Wünsche und Gelübde für das junge Paar, das unter seinem Dach leben sollte. Gegen neun Uhr ging er hinein, um seine Toilette zu erledigen, und zur gleichen Zeit erschien auch Herr Alphonse, in einen nagelneuen Frack eingezwängt, mit weißen Handschuhen, Lackschuhen, feinziselierten Knöpfen und einer Rosenknospe im Knopfloch.

»Sie müssen einmal meine Frau porträtieren«, sagte er, über meine Zeichnung gebeugt, »sie ist auch recht hübsch.«

Im selben Augenblick begann auf dem Ballspielplatz, von dem oben die Rede war, ein Spiel, das sogleich seine Aufmerksamkeit fesselte. Und da ich müde war und die Hoffnung aufgab, dieses teufelsmäßige Antlitz wiederzugeben, ließ ich meine Zeichnung unvollendet liegen und schaute den Spielern zu. Unter ihnen waren ein paar spanische Maultiertreiber, die am Vorabend angekommen waren, Aragonesen und Navarresen, fast alles hervorragend geschickte Spieler. So sah ich denn auch die Mannschaft von

Ille, obschon die Anwesenheit und die Ratschläge des Herrn Alphonse sie anspornten, gar bald von den neuen Spielern geschlagen. Die einheimischen Zuschauer waren aufs höchste bestürzt. Herr Alphonse schaute auf seine Uhr. Es war erst halb zehn, seine Mutter noch nicht einmal frisiert. Er zögerte nicht länger, legte seinen Frack ab, bat um einen Kittel und forderte die Spanier zu einem Spiel heraus. Ich schaute seinen Anstalten lächelnd und gelinde verwundert zu.

»Es gilt, die Ehre des Landes zu verteidigen«, sagte er.

In diesem Augenblick fand ich ihn wahrhaft schön. Die Leidenschaft hatte ihn gepackt. Seine Kleidung, der noch eben seine ganze Aufmerksamkeit gegolten hatte, war ihm nun völlig gleichgültig. Wenige Minuten vorher getraute er sich kaum, den Kopf zu drehen, aus Angst, ihm könnte seine Halsbinde verrutschen. Jetzt dachte er überhaupt nicht mehr an seine sorgsam gekräuselten Haare, auch nicht an seine zierlich gefältelte Hemdkrause. Und seine Braut?... Wahrhaftig, wäre es darauf angekommen, er hätte, glaube ich, die Hochzeit verschoben! Ich sah ihn hastig ein Paar Sandalen anziehen, seine Ärmel hochkrempeln, und sich dann mit zuversichtlicher Miene an die Spitze der geschlagenen Partei stellen, wie Cäsar, als er bei Dyrrachium seine Soldaten um sich scharte. Ich sprang über die Hecke und setzte mich bequem in den Schatten eines Zirbelbaums, von wo ich die beiden Spielfelder gut überblicken konnte.

Entgegen der allgemeinen Erwartung verfehlte Herr Alphonse den ersten Ball. Allerdings kam er ganz flach und haarscharf am Boden hingesaust und war mit erstaunlicher Wucht von einem Aragonesen geschlagen, der allem Anschein nach der Anführer der Spanier war.

Er war ein etwa vierzigjähriger Mann, ein hagerer, sehniger, baumlanger Kerl, und seine olivfarbene Haut hatte fast dieselbe dunkle Tönung wie das Erz der Venus.

Wütend schmiß Herr Alphonse seinen Schläger zu Boden.

»Der verfluchte Ring ist schuld!« schrie er. »Er drückt mich am Finger und hat mir einen todsicheren Ball verpatzt!«

Mit sichtlicher Mühe streifte er den Diamantring vom Finger; ich trat herzu und wollte ihn ihm abnehmen, doch er kam mir zuvor, rannte zur Venusstatue, steckte ihr den Ring an den Ringfinger und nahm aufs neue seinen Platz an der Spitze seiner Mannschaft ein.

Er war bleich, aber ruhig, gefaßt und entschlossen. Von nun an verpatzte er keinen einzigen Ball mehr, und die Spanier wurden haushoch geschlagen. Die Begeisterung der Zuschauer bot ein mitreißendes Bild: Die einen stießen ein Freudengeschrei aus und warfen ihre Mützen in die Luft; andere drückten dem Sieger die Hand und nannten ihn den Stolz des Landes. Hätte er einen feindlichen Überfall zurückgeschlagen, so wären ihm unzweifelhaft keine begeisterteren Glückwünsche und kaum aufrichtiger gemeinter Beifall zuteil geworden. Die gedrückte Stimmung der Besiegten erhöhte womöglich noch den Glanz seines Sieges.

»Wir werden schon wieder einmal zusammen eine Partie spielen, guter Freund«, sagte er in herablassendem Ton zum Aragonesen. »Dann werde ich euch aber ein paar Punkte vorgeben.«

Mir wäre lieber gewesen, wenn Herr Alphonse sich ein wenig bescheidener benommen hätte, und die Demütigung seines Gegners berührte mich geradezu peinlich.

Der hünenhafte Spanier empfand diesen Schimpf tief. Ich sah, wie er unter seiner sonnenverbrannten Haut erbleichte. Mit düsterer Miene starrte er auf seinen Schläger nieder und biß die Zähne zusammen. Dann knirschte er ganz leise, mit erstickter Stimme: *»Me lo pagaràs!«*

Herrn von Peyrehorades Stimme ertönte höchst störend in den Triumph seines Sohnes. Mein Gastgeber, der schon nicht wenig erstaunt war, ihn nicht beim Anspannen der neuen Kalesche die Aufsicht führen zu sehen, war noch viel ungehaltener, als er ihn nun schweißüberströmt und mit dem Schläger in der Hand antraf. Herr Alphonse lief nach Hause, wusch sich Gesicht und Hände, zog seinen neuen Rock und die eleganten Lackschuhe wieder an, und fünf Minuten später fuhren wir im scharfen Trab auf der Straße nach Puygarrig dahin. Alle Ballspieler der Stadt und eine große Schar Zuschauer liefen unter lautem Freudengeschrei hinter uns drein. Die kräftigen Pferde, die unsere Kutsche zogen, vermochten kaum den Vorsprung einzuhalten, den wir vor den unermüdlichen Katalanen hatten.

Wir waren in Puygarrig, und schon wollte sich der Brautzug zum Gemeindehaus in Bewegung setzen, da schlug sich Herr Alphonse an die Stirn und sagte leise zu mir:

»Wie dumm! Ich habe meinen Ring vergessen. Er steckt immer noch am Finger der Venus. Der Teufel soll sie holen! Sagen Sie nur nichts davon zu meiner Mutter! Vielleicht merkt sie's gar nicht.«

»Sie könnten ja jemanden hinschicken«, schlug ich vor.

»Ich denke nicht dran! Mein Diener ist in Ille geblieben, und denen hier traue ich nicht so recht. Diamanten im Wert von zwölfhundert Franken! Das könnte wohl manchen in Versuchung führen. Außerdem – was würde man hier von meiner Kopflosigkeit denken? Ich würde ja zum Gespött! Man würde mich als Gemahl der Statue verhöhnen ... Wenn man mir den Ring nur nicht stiehlt! Zum Glück macht das Götzenbild den Kerlen bange, und sie getrauen sich nicht auf Armeslänge in seine Nähe. Ach was! Es ist ja nicht so schlimm. Ich habe noch einen andern Ring.«

Die beiden Feierlichkeiten, die kirchliche und die standesamtliche Trauung, wurden mit dem üblichen Gepränge vollzogen; und Fräulein von Puygarrig empfing den Ring einer Pariser Putzmacherin und ahnte nicht einmal, daß ihr Bräutigam ihr ein Liebespfand zum Opfer brachte. Dann ging man zu Tisch, und es wurde gegessen, getrunken und gesungen, alles recht ausgiebig und mit viel Ausdauer. Die Braut tat mir leid, und ich litt ihretwegen unter der lärmenden Freude, die rings um sie losbrach. Doch wahrte sie ihre Fassung besser, als ich gehofft hatte, und ihre Befangenheit war weder Unbeholfenheit noch Ziererei.

Vielleicht erwächst der Mut erst aus der schwierigen Lage.

Als nach Gottes gnädigem Ratschluß das Festmahl ein Ende nahm, war es vier Uhr. Die Männer machten einen Rundgang durch den prachtvollen Schloßpark, oder sie schauten den im Feiertagsstaat erschienenen Bäuerinnen aus Puygarrig bei ihren Tänzen auf dem Rasenplatz zu. Auf diese Weise vergingen wieder ein paar Stunden. Mittlerweile waren die Frauen heftig um die Neuvermählte bemüht und bestaunten ihre Hochzeitsgeschenke. Hiernach kleidete sich die Braut um, und es fiel mir auf, daß sie über ihr schönes Haar eine Haube und einen Federhut aufsetzte, denn die Frauen kennen ja nichts Dringlicheres, als so rasch wie nur möglich die Tracht anzulegen, die das Herkommen ihnen zu tragen verbietet, solange sie noch unverheiratet sind.

Es war schon fast acht Uhr, als man sich zur Heimfahrt nach Ille bereit machte. Zuerst aber spielte sich noch ein feierlicher und tränenseliger Auftritt ab. Die Tante des Fräuleins von Puygarrig, die Mutterstelle an ihr vertrat, eine hochbetagte und bigotte Dame, sollte nicht mit uns in die Stadt fahren. Beim Abschied hielt sie nun ihrer Nichte eine rührende Predigt über ihre Pflichten als Ehefrau, und diese Predigt hatte ganze Sturzbäche von Tränen und nicht enden wollende Umarmungen zur Folge. Herr von Peyrehorade verglich diese herzzerreißende Trennung mit dem Raub der Sabinerinnen. Schließlich fuhren wir aber doch ab, und unterwegs gaben wir uns alle die erdenklichste Mühe, die jungverheiratete Frau aufzuheitern und zum Lachen zu bringen. Aber es war alles umsonst.

In Ille erwartete uns das Nachtmahl, und was für ein Nachtmahl! Wenn mich schon die derbe Ausgelassenheit am Morgen befremdet hatte, so stießen mich jetzt erst recht die Anzüglichkeiten und derben Witze ab, deren Zielscheibe das junge Paar, und zumal die Neuvermählte abgab. Der junge Ehemann, der kurz vor Tisch für eine Weile verschwunden war, sah bleich aus und schien von einem eisigen Ernst befallen. Alle Augenblicke stürzte er ein Glas Collíourewein hinunter, der fast so stark ist wie Branntwein. Ich saß neben ihm und hielt mich darum für verpflichtet, ihn zu warnen:

»Geben Sie acht! Es heißt, der Wein ...«

Ich weiß nicht mehr, was ich ihm für einen Unsinn auftischte, um nicht aus dem Rahmen der albernen Tischgespräche zu fallen.

Er stieß mich mit dem Knie an und sagte ganz leise:

»Sobald die Tafel aufgehoben wird ... muß ich etwas mit Ihnen besprechen.«

Sein feierlicher Ton überraschte mich. Ich schaute ihn aufmerksamer an und sah erst jetzt, wie verzerrt und entstellt sein Gesicht war.

»Fühlen Sie sich nicht wohl?« fragte ich ihn besorgt.

»Nein.«

Und er fing aufs neue an zu trinken.

Unterdessen war unter allgemeinem Jubelgeschrei und Händeklatschen ein elfjähriges Kind unter den Tisch gekrochen und zeigte nun den Umsitzenden ein hübsches weiß und rosa gestreiftes Seidenband, das es der jungen Frau vom Knöchel losgebunden hatte: das sogenannte Strumpfband der Hochzeiterin. Es wurde sogleich in Stücke geschnitten und unter die jungen Leute verteilt, die – nach einem alten Brauch, der heute noch in manchen patriarchalisch altmodischen Familien im Schwange ist - damit ihr Knopfloch schmückten. Das bot der Neuvermählten Anlaß, bis ins Weiße ihrer Augen zu erröten ... Aber ihre Befangenheit konnte nicht mehr größer werden, als nun

Herr von Peyrehorade um Stille bat und ihr einige katalanische Verse, eine Improvisation, wie er behauptete, sang. Wenn ich ihren Sinn richtig verstanden habe, so lauteten sie ungefähr folgendermaßen:

»Was soll denn das bedeuten, Freunde? Läßt mich der Wein doppelt sehen? Zwiefach seh ich Venus hier…«

Der Bräutigam wandte mit einem jähen Ruck den Kopf, mit einer so verstörten Miene, daß alle Gäste in Lachen ausbrachen.

»Ja«, fuhr Herr von Peyrehorade fort, »zwiefach weilt Venus hier unter meinem Dache. Die eine habe ich, wie einen Trüffel, unter der Erde gefunden. Die andere ist vom Himmel zu uns herniedergestiegen und hat eben ihren Gürtel unter uns ausgeteilt.«

Mit dem Gürtel meinte er ihr Strumpfband.

»Mein Sohn, wähle nun: die römische Venus oder die katalanische, welche dir lieber ist. Der Schlingel wählt die Katalanin, und er hat das bessere Teil getroffen. Die Römerin ist schwarz, und weiß ist die Katalanin. Die römische Göttin ist kalt, und die katalanische setzt alles in Flammen, was ihr naht.«

Dieser wirkungsvolle Schluß hatte ein so unbändiges Gejohle und Beifallsgeschrei, ein so lärmendes Klatschen und dröhnendes Gelächter zur Folge, daß ich meinte, die Decke müsse uns über den Köpfen zusammenstürzen. Rings um den Tisch waren nur drei Gesichter ernst geblieben: die des jungen Paares und mein eigenes. Ich hatte starke Kopfschmerzen, und eine Hochzeit stimmt mich immer traurig, ich weiß nicht warum. Die heutige ekelte mich überdies ein wenig an.

Als die letzten – ich muß schon sagen, reichlich schlüpfrigen – Verschen, die der Adjunkt des Bürgermeisters zum besten gegeben hatte, verklungen waren, ging alles in den Salon hinüber, um sich das Abschiednehmen der jungvermählten Frau anzusehen. Es war schon nahe an Mitternacht, und sie sollte nunmehr bald in ihr Schlafgemach geleitet werden.

Herr Alphonse zog mich in eine Fensternische und sagte mit abgewandtem Gesicht zu mir:

»Sie werden mich sicher auslachen ... Aber ich weiß nicht, was ich habe ... Ich bin verhext! Hol mich der Teufel!«

Mein erster Gedanke ging dahin, daß er sich von einem Mißgeschick bedroht fühlte, ähnlich dem, wovon Montaigne und Frau von Sévigné sprechen:

»Das ganze Reich der Liebe ist erfüllt von tragischen Begebenheiten ...«

Ich glaubte immer, sagte ich zu mir selber, solcherlei Mißgeschick könne nur geistvollen Männern zustoßen.

»Sie haben ganz einfach zu viel CollIourewein getrunken, mein lieber Herr Alphonse«, sagte ich zu ihm. »Ich hatte Sie ja gewarnt.«

»Ja, vielleicht. Es ist da aber noch etwas viel Entsetzlicheres.«

Er sprach stockend, mit versagender Stimme. Meiner Meinung nach war er völlig betrunken.

»Sie wissen doch, mein Ring ...« fuhr er nach einer Weile schweigenden Brütens fort.

»Ja, was ist damit? Gestohlen?«

»Nein.«

»Dann haben Sie ihn also?«

»Nein… Ich… ich kann ihn nicht mehr vom Finger dieser Teufelsvenus abkriegen.«

»Aha! Sie haben nicht stark genug gezogen.«

»Doch!… Aber die Venus… Sie hat den Finger eingebogen!«

Er starrte mich mit verstörten, weit aufgerissenen Augen an und mußte sich am Fensterriegel festhalten, um nicht ohnmächtig hinzuschlagen.

»Was faseln Sie da zusammen!?« redete ich ihm zu. »Sie haben den Ring zu weit angesteckt. Morgen gehen Sie dann mit einer Zange hin und nehmen ihn ab. Aber geben Sie acht, daß Sie die Statue nicht beschädigen.«

»Nein, sag ich Ihnen! Der Finger der Venus ist eingebogen, gekrümmt. Sie ballt die Hand, verstehen Sie mich?… Sie ist jetzt meine Frau, soviel ist klar, denn ich habe ihr meinen Ring geschenkt… Sie will ihn nicht wieder hergeben.«

Mich überlief plötzlich ein kalter Schauer, und einen Augenblick lang spürte ich eine Gänsehaut meinen Rücken hinunterfahren. Dann trug mir ein tiefer Seufzer, den er ausstieß, einen ganzen Schwall Weindunst entgegen, und jedwede Anteil nehmende Erregung verflog im Nu.

Der elende Kerl, dachte ich bei mir, ist ja völlig betrunken!

»Sie sind Altertumskenner, verehrter Herr«, setzte nun in kläglichem Tone der junge Ehemann hinzu. »Sie kennen sich mit solchen Standbildern aus… Vielleicht gibt es da irgendeine Feder, so eine versteckte Teufelei, von der ich nichts weiß… Wollen Sie es sich nicht einmal ansehen?«

»Gerne«, stimmte ich zu, »kommen Sie mit.«

»Nein, es ist mir lieber, Sie gehen allein hin.«

Ich verließ den Salon.

Während des Nachtmahls war das Wetter umgeschlagen, und ein tüchtiger Regen goß vom Himmel. Schon wollte ich um einen Regenschirm bitten, da hielt mich eine Überlegung davon ab. Ich wäre schon ein rechter Schafskopf, sagte ich mir, wenn ich hinginge und die Aussage eines betrunkenen Narren auf ihre Richtigkeit prüfen wollte! Vielleicht hat er mir außerdem einen niederträchtigen Possen spielen und damit diesen ehrenwerten Provinzlern etwas zum Lachen bieten wollen. Das Allermindeste, was für mich dabei herausschaut, ist jedenfalls, daß ich bis auf die Haut durchnäßt werde und mir einen tüchtigen Schnupfen hole.

Vor der Haustür warf ich noch einen Blick auf die regentriefende Statue; dann ging ich in meine Stube hinauf, ohne erst in den Salon zurückzukehren. Ich legte mich zu Bett. Aber ich konnte lange keinen Schlaf finden. Alle Ereignisse des vergangenen Tages zogen wieder an meinem Geiste vorüber. Ich dachte an das bildschöne, junge und unberührte Mädchen, das nunmehr einem betrunkenen Rohling preisgegeben war. Was für ein häßlicher Unfug ist doch so eine Geldheirat! dachte ich. Da bindet sich der Herr Bürgermeister eine dreifarbige Schärpe um den Bauch, ein Priester legt eine Stola an, und schon ist das sittsamste und ehrbarste Mädchen von der Welt dem Minotaurus ausgeliefert! Was können sich zwei Wesen, die einander nicht lieben, in einem solchen Augenblick zu sagen haben, für den zwei Liebende ihr ganzes Leben hingäben? Kann eine Frau überhaupt einen Mann lieben, wenn sie ihn ein einziges Mal herzensroh und rüpelhaft gesehen hat? Die ersten Eindrücke verwischen sich nie wieder, und sicherlich verdient es dieser Herr Alphonse vollauf, daß sie ihn haßt und verabscheut...

Während ich dieses Selbstgespräch hielt, das ich hier nur stark gekürzt wiedergebe, hatte ich ein fast ununterbrochenes Hinundherlaufen gehört, Türen wurden auf- und zugemacht, Kutschen fuhren ab. Dann war mir, als vernehme ich draußen auf der Treppe die leichten Schritte mehrerer Frauen, die ans andere Ende des Korridors, auf der meiner Kammer entgegengesetzten Seite, vorüberhuschten. Wahrscheinlich geleitete man die Braut in feierlichem Zug ins Hochzeitsbett. Bald darauf waren die Schritte wieder treppab gehuscht. Die Tür der neugebackenen Frau von Peyrehorade hatte sich hinter ihr geschlossen. Wie muß das arme Kind verängstigt sein! dachte ich. Wie bang wird ihr zumute sein! Übellaunig warf ich mich in meinem Bett von einer Seite auf die andere. Ein Hagestolz spielt ja in einem Hause, wo eine Hochzeit abgehalten wird, eine reichlich läppische Rolle.

Seit einer geraumen Weile herrschte tiefe Stille. Da wurde sie auf einmal von schweren Tritten, die die Treppe heraufkamen, unterbrochen. Die hölzernen Stufen knarrten laut.

»Was für ein Rüpel!« rief ich aus. »Ich will wetten, er fällt noch auf der Treppe auf die Nase!«

Das ganze Haus war nun wieder still. Ich nahm ein Buch zur Hand und versuchte, meine Gedanken abzulenken. Der Band enthielt eine Statistik des Departements, die um eine Abhandlung des Herrn von Peyrehorade über die Druidendenkmäler des Bezirks von Prades bereichert war. Schon nach der dritten Seite schlief ich ein.

Ich schlief schlecht und wachte ein paarmal auf. Es mochte fünf Uhr in der Frühe sein, und ich lag schon seit mehr als zwanzig Minuten wach, als der Hahn krähte. Der Tag begann zu dämmern. Da hörte ich deutlich die gleichen schweren Tritte, dasselbe Knarren der Stiege, das ich schon vor dem Einschlafen vernommen hatte. Das dünkte mich sonderbar. Gähnend versuchte ich mir zusammenzureimen, weshalb wohl Herr Alphonse schon so früh aufgestanden sein mochte; aber ich konnte es mir nicht einleuchtend erklären. Schon wollte ich wieder weiterschlafen, da schrak ich erneut auf: ein seltsames Getrampel ging los, dann schrillten die Klingeln, Türen wurden geräuschvoll aufgerissen, und jetzt gellte verzweifeltes Jammergeschrei durch das Haus.

Der versoffene Kerl wird irgendwo das Haus in Brand gesteckt haben! dachte ich und sprang aus dem Bett.

Ich kleidete mich hastig an und trat auf den Gang hinaus. Von der andern Seite erklangen Geschrei und Wehklagen, und eine herzzerreißende Stimme übertönte alle andern: »Mein Sohn! Mein Sohn!« Soviel war klar: Herrn Alphonse war etwas zugestoßen, ein Unglück war geschehen. Ich rannte ins Hochzeitsgemach; es war voller Menschen. Das erste, was ich erblickte, war der junge Mann. Er lag halb ausgekleidet quer über dem Bett, dessen Holzgestell zertrümmert war. Er war leichenfahl und regte sich nicht. Daneben stand seine Mutter und weinte und schrie. Herr von

Peyrehorade bemühte sich um ihn, rieb ihm die Schläfen mit Kölnischwasser ein und hielt ihm Riechsalz unter die Nase. Umsonst. Sein Sohn war schon lange tot. Auf einem Ruhebett am andern Ende des Zimmers wand sich die junge Frau in gräßlichen Zuckungen. Sie stieß unartikulierte Schreie aus, und zwei kräftige Mägde hatten alle Mühe, sie festzuhalten.

»Gütiger Gott!« rief ich, »was ist denn vorgefallen?«

Ich trat zum Bett und hob den Körper des unglücklichen jungen Mannes ein wenig hoch. Er war schon kalt und steif. Seine zusammengebissenen Zähne und sein schwarz angelaufenes Gesicht drückten die entsetzlichste Todesangst aus. Man sah nur allzu deutlich, daß sein Ende gewaltsam und der Todeskampf grauenvoll gewesen war. Doch waren auf seinen Kleidern keinerlei Blutspuren zu sehen. Ich schob sein Hemd vorn auseinander und sah auf seiner Brust ein bläulich angelaufenes Quetschmal, das über die Rippen und den Rücken weiterverlief. Man hätte glauben können, er sei in einem eisernen Reifen erdrückt worden. Mein Fuß trat auf etwas Hartes, das auf dem Teppich lag; ich bückte mich und sah den Diamantring.

Ich nötigte Herrn und Frau von Peyrehorade in ihr Schlafgemach; dann ließ ich auch die junge Frau dorthin tragen.

»Sie haben noch eine Tochter«, sagte ich zu ihnen. »Kümmern Sie sich um sie.« Dann ließ ich sie allein.

Es schien mir außer allem Zweifel zu stehen, daß Herr Alphonse einem Mordanschlag zum Opfer gefallen war und daß die Täter Mittel und Wege gefunden hatten, zu nachtschlafender Stunde in das Brautgemach einzudringen. Die Quetschungen auf der Brust, ihr ringförmiger Verlauf aber setzten mich in arge Verlegenheit; denn ein Stock oder eine Eisenstange hätten sie unmöglich hervorbringen können. Plötzlich kam mir in den Sinn, daß in Valencia die gedungenen Meuchelmörder sich zur Tötung der Leute, für deren Beseitigung sie bezahlt werden, wie ich gehört hatte, langer Ledersäcke bedienen, die mit feinem Sand gefüllt sind. Nun fiel mir auch der aragonesische Maultiertreiber und seine Drohung wieder ein. Immerhin wagte ich kaum auszudenken, daß er für einen so unbedachten und nicht böse gemeinten Scherz eine so entsetzliche Rache genommen haben sollte.

Ich ging ins Haus, suchte überall nach Spuren, die auf einen Einbruch hindeuten konnten, fand jedoch nirgendwo Anzeichen eines gewaltsamen Eindringens. Dann stieg ich in den Garten hinunter und sah mich um, ob die mutmaßlichen Mörder von dieser Seite sich hatten einschleichen können; aber auch hier fehlte jede Spur. Außerdem hatte der nächtliche Regen den Boden derart aufgeweicht, daß deutliche Fußspuren darin nicht abgezeichnet geblieben wären. Hingegen fielen mir mehrere tief ins Erdreich eingepreßte Tritte auf. Sie führten in zwei entgegengesetzte Richtungen, verliefen aber auf der gleichen Linie, sie gingen aus vom Winkel der an den Ballspielplatz angrenzenden Hecke und mündeten bei der Haustür. Möglicherweise stammten die Tritte von Herrn Alphonse, als er zur Statue hinübergegangen war und seinen Ring hatte holen wollen. Andererseits war die Hecke an dieser Stelle weniger dicht als anderswo, und es war nicht ausgeschlossen, daß die Mörder an diesem Ort darübergeklettert waren. Während ich so vor der

Statue hin und her ging, blieb ich einen Augenblick stehen und schaute sie mir noch einmal genau an. Diesmal, ich muß es gestehen, konnte ich nicht ohne Grauen ihren höhnisch schadenfrohen Ausdruck betrachten, und da mir immer noch die grausigen Vorgänge, die ich eben miterlebt hatte, im Kopf herumgingen, war mir, als sähe ich vor mir eine Höllengottheit, die über das Unglück frohlockte, das über dieses Haus hereingebrochen war.

Ich ging wieder in mein Zimmer hinauf und blieb dort bis zum Mittag. Dann verließ ich mein Stübchen und erkundigte mich nach dem Befinden meiner Gastgeber. Sie hatten sich ein wenig gefaßt und waren ruhiger. Fräulein von Puygarrig, oder, richtiger gesagt, die Witwe des Herrn Alphonse, war wieder bei Bewußtsein. Sie hatte sogar schon mit dem königlichen Staatsanwalt aus Perpignan gesprochen, der sich damals auf einer dienstlichen Reise gerade in Ille aufhielt, und der Beamte hatte ihre Aussage entgegengenommen. Nun wünschte er auch meine Zeugenerklärung. Ich sagte ihm, was ich wußte, und verhehlte auch nicht meinen Verdacht gegen den aragonesischen Maultiertreiber. Er gab den Befehl, ihn auf der Stelle zu verhaften.

»Haben Sie von Frau Alphonse etwas in Erfahrung bringen können?« fragte ich den königlichen Staatsanwalt, als meine Zeugenaussage protokolliert und unterzeichnet war.

»Die unglückliche junge Frau hat den Verstand verloren«, sagte er mit einem traurigen Lächeln. »Sie ist wahnsinnig! Vollkommen irrsinnig. Hören Sie nur, was sie erzählt:

Sie lag schon seit ein paar Minuten zu Bett, behauptet sie; die Bettvorhänge hatte sie zugezogen; da ging die Tür zu ihrem Zimmer auf, und es kam jemand herein. Die junge Frau lag am innern Rande des Bettes und hatte das Gesicht der Wand zugekehrt. Sie regte sich nicht, war sie doch überzeugt, daß ihr Mann hereingekommen war. Gleich darauf knarrte und ächzte das Bett wie unter der Last eines ungeheuren Gewichtes. Sie fürchtete sich schrecklich, wagte aber nicht den Kopf zu drehen. Fünf, vielleicht auch zehn Minuten vergingen so … Wie lange es dauerte, weiß sie nicht mehr. Dann machte sie unwillkürlich eine Bewegung – oder die Person, die bei ihr im Bette lag, bewegte sich –, und sie spürte, wie sie mit etwas in Berührung kam, das kalt wie Eis war. So drückte sie sich aus. An allen Gliedern zitternd rückte sie, soweit sie konnte, gegen die Wand. Bald nachher ging die Tür ein weiteres Mal auf, und jemand trat ein und sagte: ›Guten Abend, meine kleine Frau.‹ Kurz darauf wurden die Bettvorhänge auseinandergezogen. Sie hörte einen erstickten Schrei. Die Person, die neben ihr im Bett lag, setzte sich auf, und ihr war, als streckte sie die Arme vor sich hin aus. Jetzt erst wandte sie den Kopf … und sah, wie sie angibt, ihren Mann vor dem Bette knien, den Kopf in der Höhe des Kopfkissens, in den Armen eines grünlichen riesenhaften Ungetüms, das ihn mit aller Kraft umschlungen hielt. Sie behauptet nun, und sie hat es mir wohl zwanzigmal wiederholt, die Ärmste! … Sie behauptet, sie habe … raten Sie: was erkannt? … Die eherne Venus, das Bildwerk des Herrn von Peyrehorade! … Seit die im Lande ist, geistert sie ja überall umher, und klein und groß träumt von ihr.

Aber ich nehme den Bericht der unglücklichen Irren wieder auf. Bei diesem Anblick verlor sie die Besinnung, und vermutlich hatte sie schon seit einer Weile den Verstand verloren. Wie lange sie ohnmächtig dagelegen war, kann sie mit bestem Willen nicht sagen. Als sie wieder zu sich kam, sah sie aufs neue das Gespenst, oder die Statue, wie sie beharrlich sagt, unbeweglich daliegen, die Beine und den Unterleib im Bett, Brust und Arme nach vorn ausgestreckt, und in ihren Armen hing ihr Gatte, regungslos. Da krähte ein Hahn. Daraufhin stieg die Statue aus dem Bett, ließ den Leichnam fallen und schritt hinaus. Frau Alphonse riß mit der Kraft der Verzweiflung am Klingelzug, und den Rest wissen Sie.«

Man führte den Spanier vor. Er war ruhig und gefaßt und verteidigte sich mit großer Kaltblütigkeit und Geistesgegenwart. Im übrigen stellte er den Ausspruch, den ich gehört hatte, keineswegs in Abrede, aber er erklärte ihn dahin, er habe nichts anderes damit sagen wollen, als daß er am nächsten Morgen, wenn er ausgeruht sei, seinen Bezwinger im Ballspiel schlagen werde. Ich weiß noch gut, daß er seinen Worten hinzufügte:

»Wenn ein Aragonese beleidigt wird, wartet er mit seiner Rache nicht bis zum nächsten Tag. Hätte ich geglaubt, Herr Alphonse habe mich beleidigen wollen, so hätte ich ihm auf der Stelle mein Messer in den Bauch gerannt.«

Man verglich seine Schuhe mit den Fußstapfen im Garten. Seine Schuhe waren viel größer.

Schließlich versicherte noch der Gastwirt, bei dem der Mann Unterkunft gefunden hatte, er habe die ganze Nacht bei einem erkrankten Maultier verbracht und es eingerieben und mit Arzneien behandelt.

Überdies war der Aragonese ein gutbeleumdeter Mann und weitherum im Lande wohlbekannt; er kam alljährlich in Geschäften hierher. Man ließ ihn also wieder frei und entschuldigte sich bei ihm.

Fast hätte ich die Aussage eines Dieners vergessen, der Herrn Alphonse zuletzt noch lebend gesehen hatte, und zwar, als er gerade zu seiner Frau hinaufgehen wollte. Er hatte den Mann herangerufen und mit verstörter Miene gefragt, ob er wisse, wo ich sei. Der Bediente hatte ihm geantwortet, er habe mich nicht gesehen. Da habe Herr Alphonse aufseufzend gut eine Minute lang dagestanden und schließlich zu ihm gesagt: »Na, dann wird ihn eben auch der Teufel geholt haben!«

Ich fragte den Mann, ob Herr Alphonse, während er mit ihm sprach, seinen Diamantring angehabt habe. Der Bediente zögerte mit der Antwort. Endlich sagte er, er glaube es nicht, habe freilich auch nicht darauf geachtet.

»Hätte er den Ring am Finger gehabt«, setzte er, sich berichtigend, hinzu, »so hätte ich es unzweifelhaft bemerkt, denn ich war des Glaubens, er habe ihn seiner jungen Frau gegeben.«

Während ich den Mann ausfragte, verspürte ich etwas von dem abergläubischen Entsetzen, das die Aussage der jungen Frau im ganzen Hause verbreitet hatte. Der Staatsanwalt schaute mich lächelnd an, und ich hütete mich wohlweislich, weiter darauf einzugehen.

Wenige Stunden nach der Beisetzung des Herrn Alphonse rüstete ich mich zur Abreise aus Ille. Der Wagen meines Gastgebers sollte mich nach Perpignan bringen. Seinem Schwächezustand zum Trotz wollte mich der bedauernswerte alte Herr bis zur Gartenpforte begleiten. Wir schritten schweigend durch den Park. Er stützte sich auf meinen Arm und vermochte sich nur mühsam weiterzuschleppen. Im Augenblick, wo wir uns trennen sollten, warf ich noch einen letzten Blick auf die Venus. Ich sah voraus, daß mein Wirt, wenn er auch das Entsetzen und die Haßgefühle, die

ein Teil seiner Angehörigen der Statue entgegenbrachte, keineswegs teilte, gern dieses Ärgernis loswerden wollte, das ihn unablässig an das entsetzliche Unglück erinnern mußte. Ich hatte die Absicht, ihm nahezulegen, es in einem Museum unterzubringen. Es kam mich schwer an, davon anzufangen; da wandte Herr von Peyrehorade unwillkürlich den Kopf dahin, wo er mich unentwegt hinstarren sah. Sein Blick fiel auf die Statue, und er brach in Tränen aus. Ich schloß ihn in meine Arme und stieg wortlos in den Wagen. Ich hatte es nicht übers Herz gebracht, etwas zu ihm zu sagen.

Seit meiner Abreise habe ich nichts mehr gehört, was auf dieses rätselvolle Begebnis irgendwelches Licht geworfen hätte.

Herr von Peyrehorade starb wenige Monate nach seinem Sohn. In seinem Testament hat er mir seine Aufzeichnungen vermacht. Vielleicht werde ich sie eines Tages der Öffentlichkeit zugänglich machen. Ich habe darin vergeblich nach dem Aufsatz über die Inschriften an der Venusstatue gesucht.

PS. Mein Freund Herr von P. schreibt mir soeben aus Perpignan, die Statue sei nicht mehr vorhanden. Nach dem Ableben ihres Gatten hatte Frau von Peyrehorade nichts Dringlicheres zu tun gewußt, als daraus eine Glocke gießen zu lassen, und in dieser neuen Gestalt findet sie in der Kirche von Ille Verwendung. Doch es scheint, schreibt Herr von P. weiter, als ob ein Unstern über all denen walte, die im Besitze dieses Erzes sind. Seitdem diese Glocke in Ille läutet, sind dort zweimal die Reben erfroren.

Robert Musil

GRIGIA

Es gibt im Leben eine Zeit, wo es sich auffallend verlangsamt, als zögerte es weiterzugehn oder wollte seine Richtung ändern. Es mag sein, daß einem in dieser Zeit leichter ein Unglück zustößt.

Homo besaß einen kranken kleinen Sohn; das zog durch ein Jahr, ohne besser zu werden und ohne gefährlich zu sein, der Arzt verlangte einen langen Kuraufenthalt, und Homo konnte sich nicht entschließen, mitzureisen. Es kam ihm vor, als würde er dadurch zu lange von sich getrennt, von seinen Büchern, Plänen und seinem Leben. Er empfand seinen Widerstand als eine große Selbstsucht, es war aber vielleicht eher eine Selbstauflösung, denn er war zuvor nie auch nur einen Tag lang von seiner Frau geschieden gewesen; er hatte sie sehr geliebt und liebte sie noch sehr, aber diese Liebe war durch das Kind trennbar geworden, wie ein Stein, in den Wasser gesickert ist, das ihn immer weiter auseinander treibt. Homo staunte sehr über diese neue Eigenschaft der Trennbarkeit, ohne daß mit seinem Wissen und Willen je etwas von seiner Liebe abhanden gekommen wäre, und so lang die Zeit der vorbereitenden Beschäftigung mit der Abreise war, wollte ihm nicht einfallen, wie er allein den kommenden Sommer verbringen werde. Er empfand bloß einen heftigen Widerwillen gegen Bade- und Gebirgsorte. Er blieb allein zurück und am zweiten Tag erhielt er einen Brief, der ihn einlud, sich an einer Gesellschaft zu beteiligen, welche die alten venezianischen Goldbergwerke im Fersenatal wieder aufschließen wollte. Der Brief war von einem Herrn Mozart Amadeo Hoffingott, den er vor einigen Jahren auf einer Reise kennengelernt und während weniger Tage zum Freund gehabt hatte.

Trotzdem entstand in ihm nicht der leiseste Zweifel, daß es sich um eine ernste, redliche Sache handle. Er gab zwei Telegramme auf; in dem einen teilte er seiner Frau mit, daß er schon jetzt abreise und ihr seinen Aufenthalt melden werde, mit dem zweiten nahm er das Angebot an, sich als Geologe und vielleicht auch mit einem größeren Betrag Geldes an den Aufschließungsarbeiten zu beteiligen.

In P., das ein Maulbeer und Wein bauendes, verschlossen reiches italienisches Städtchen ist, traf er mit Hoffingott, einem großen, schönen schwarzen Mann seines eigenen Alters, zusammen, der immer in Bewegung war. Die Gesellschaft verfügte, wie er erfuhr, über gewaltige amerikanische Mittel, und die Arbeit sollte großen Stil haben. Einstweilen ging zur Vorbereitung eine Expedition talein, die aus ihnen beiden und drei Teilhabern bestand, Pferde wurden gekauft, Instrumente erwartet und Hilfskräfte angeworben.

Homo wohnte nicht im Gasthof, sondern, er wußte eigentlich nicht warum, bei einem italienischen Bekannten Hoffingotts. Es gab da drei Dinge, die ihm auffielen. Betten von einer unsagbar kühlen Weichheit in schöner Mahagonischale. Eine Tapete mit einem unsagbar wirren, geschmacklosen, aber durchaus unvollendbaren und fremden Muster. Und ein Schaukelstuhl aus Rohr; wenn man sich in diesem wiegt und die Tapete anschaut, wird der ganze Mensch zu einem auf- und niederwallenden Gewirr von Ranken, die binnen zweier Sekunden aus dem Nichts zu ihrer vollen Größe anwachsen und sich wieder in sich zurückziehen.

In den Straßen war eine Luft, aus Schnee und Süden gemischt. Es war Mitte Mai. Abends waren sie von großen Bogenlampen erhellt, die an quergespannten Seilen so hoch hingen, daß die Straßen darunter wie Schluchten von dunklem Blau lagen, auf deren finstrem Grund man dahingehen mußte, während sich oben im Weltraum weiß zischende Sonnen drehten. Tagsüber sah man auf Weinberg und Wald. Das hatte den Winter rot, gelb und grün überstanden; weil die Bäume das Laub nicht abwarfen, war Welk und Neu durcheinandergeflochten wie in Friedhofskränzen, und kleine rote, blaue und rosa Villen staken, sehr sichtbar noch, wie verschieden gestellte Würfel darin, ein ihnen unbekanntes, eigentümliches Formgesetz empfindungslos vor aller Welt darstellend. Oben aber war der Wald dunkel und der Berg hieß Selvot. Er trug über dem Wald Almböden, die, verschneit, in breitem, gemäßigtem Wellenschlag über die Nachbarberge weg das kleine hart ansteigende Seitental begleiteten, in das die Expedition einrücken sollte. Kamen, um Milch zu liefern und Polenta zu kaufen, Männer von diesen Bergen, so brachten sie manchmal große Drusen Bergkristall oder Amethyst mit, die in vielen Spalten so üppig wachsen sollten wie anderswo Blumen auf der Wiese, und diese unheimlich schönen Märchengebilde verstärkten noch mehr den Eindruck, daß sich unter dem Aussehen dieser Gegend, das so fremd vertraut flackerte wie die Sterne in mancher Nacht, etwas sehnsüchtig Erwartetes verberge. Als sie in das Gebirgstal hineinritten und um sechs Uhr Sankt Orsola passierten, schlugen bei einer kleinen, eine buschige Bergrinne überquerenden Steinbrücke wenn nicht hundert, so doch sicher zwei Dutzend Nachtigallen; es war heller Tag.

Als sie drinnen waren, befanden sie sich an einem seltsamen Ort. Er hing an der Lehne eines Hügels; der Saumweg, der sie hingeführt hatte, sprang zuletzt förmlich von einem großen platten Stein zum nächsten, und von ihm flossen, den Hang hinab und gewunden wie Bäche, ein paar kurze, steile Gassen in die Wiesen. Stand man am Weg, so hatte man nur vernachlässigte und dürftige Bauernhäuser vor sich, blickte man aber von den Wiesen unten herauf, so meinte man sich in ein vorweltliches Pfahldorf zurückversetzt, denn die Häuser standen mit der Talseite alle auf hohen Balken, und ihre Abtritte schwebten etwas abseits von ihnen wie die Gondeln von Sänften auf vier schlanken baumlangen Stangen über dem Abhang. Auch die Landschaft um dieses Dorf war nicht ohne Sonderbarkeiten. Sie bestand aus einem mehr als halbkreisförmigen Wall hoher, oben von Schroffen durchsetzter Berge, welche steil zu einer Senkung abfielen, die rund um einen in der Mitte stehenden kleineren und bewaldeten Kegel lief, wodurch das Ganze einer leeren, gugelhupfförmigen Welt ähnelte, von der ein kleines Stück durch den tief fließenden Bach abgeschnitten worden war, so daß sie dort klaffend gegen die hohe, zugleich mit ihm talwärts streichende andere Flanke seines Ufers lehnte, an welcher das Dorf hing. Es gab ringsum unter dem Schnee Kare mit Knieholz und einigen versprengten Rehen, auf der Waldkuppe in der Mitte balzte schon der Spielhahn, und auf den Wiesen der Sonnseite blühten die Blumen mit gelben, blauen und weißen Sternen, die so groß waren, als hätte man einen Sack mit Talern ausgeschüttet. Stieg man aber hinter dem Dorf noch etwa hundert Fuß höher, so kam man auf einen ebenen Absatz von nicht allzugroßer Breite, den Äcker, Wiesen, Heuställe und verstreute Häuser bedeckten, während von einer gegen das Tal zu vorspringenden Bastion die kleine Kirche in die Welt hinausblickte, welche an schönen Tagen fern vor dem Tal wie das Meer vor einer Flußmündung lag; man konnte kaum unterscheiden, was noch goldgelbe Ferne des gesegneten Tieflands war und wo schon die unsicheren Wolkenböden des Himmels begonnen hatten.

Es war ein schönes Leben, das da seinen Anfang nahm. Tagsüber auf den Bergen, bei alten verschütteten Stolleneingängen und neuen Schürfversuchen, oder auf den Wegen das Tal hinaus, wo eine breite Straße gelegt werden sollte; in einer riesigen Luft, die schon sanft und schwanger von der kommenden Schneeschmelze war. Sie schütteten Geld unter die Leute und walteten wie die Götter. Sie beschäftigten alle Welt, Männer und Frauen. Aus den Männern bildeten sie Arbeitspartien und verteilten sie auf die Berge, wo sie wochenüber verbleiben mußten, aus den

Weibern formierten sie Trägerkolonnen, welche ihnen Werkzeugersatz und Proviant auf kaum wegsamen Steigen nachschafften. Das steinerne Schulhaus ward in eine Faktorei verwandelt, wo die Waren aufbewahrt und verladen wurden; dort rief eine scharfe Herrenstimme aus den schwatzend wartenden Weibern eins nach dem andern vor, und es wurde der große leere Rückenkorb so lang befrachtet, bis die Knie sich bogen und die Halsadern anschwollen. War solch ein hübsches junges Weib beladen, so hing ihm der Blick bei den Augen heraus und die Lippen blieben offen stehn; es trat in die Reihe, und auf das Zeichen begannen diese stillgewordenen Tiere hintereinander langsam in langen Schlangenwegen ein Bein vor das andre bergan zu setzen. Aber sie trugen köstliche, seltene Last, Brot, Fleisch und Wein, und mit den Eisengeräten mußte man nicht ängstlich umgehn, so daß außer dem Barlohn gar manches Brauchbare für die Wirtschaft abfiel, und darum trugen sie es gerne und dankten noch den Männern, welche den Segen in die Berge gebracht hatten. Und das war ein herrliches Gefühl; man wurde hier nicht, wie sonst überall in der Welt, geprüft, was für ein Mensch man sei, – ob verläßlich, mächtig und zu fürchten oder zierlich und schön, – sondern was immer für ein Mensch man war und wie immer man über die Dinge des Lebens dachte, man fand Liebe, weil man den Segen gebracht hatte; sie lief wie ein Herold voraus, sie war überall wie ein frisches Gastbett bereitet, und der Mensch trug Willkommgeschenke in den Augen. Die Frauen durften das frei ausströmen lassen, aber machmal, wenn man an einer Wiese vorbeikam, vermochte auch ein alter Bauer dort zu stehn und winkte mit der Sense wie der leibhafte Tod.

Es lebten übrigens merkwürdige Leute in diesem Talende. Ihre Voreltern waren zur Zeit der tridentinischen Bischofsmacht als Bergknappen aus Deutschland gekommen, und sie saßen heute noch eingesprengt wie ein verwitterter deutscher Stein zwischen den Italienern. Die Art ihres alten Lebens hatten sie halb bewahrt und halb vergessen, und was sie davon bewahrt hatten, verstanden sie wohl selbst nicht mehr. Die Wildbäche rissen ihnen im Frühjahr den Boden weg, es gab Häuser, die einst auf einem Hügel und jetzt am Rand eines Abgrunds standen, ohne daß sie etwas dagegen taten, und umgekehrten Wegs spülte ihnen die neue Zeit allerhand ärgsten Unrat in die Häuser. Da gab es billige polierte Schränke, scherzhafte Postkarten und Öldruckbilder, aber manchmal war ein Kochgeschirr da, aus dem schon zur Zeit Martin Luthers gegessen worden sein mochte. Sie waren nämlich Protestanten; aber wenn es wohl auch nichts als dieses zähe Festhalten an ihrem Glauben war, was sie vor der Verwelschung geschützt hatte, so waren sie dennoch keine guten Christen. Da sie arm waren, verließen fast alle Männer kurz nach der Heirat ihre Frauen und gingen für Jahre nach Amerika; wenn sie zurückkamen, brachten sie ein wenig erspartes Geld mit, die Gewohnheiten der städtischen Bordelle und die Ungläubigkeit, aber nicht den scharfen Geist der Zivilisation.

Homo hörte gleich zu Beginn eine Geschichte erzählen, die ihn ungemein beschäftigte. Es war nicht lange her, mochte so etwa in den letzten fünfzehn Jahren stattgefunden haben, daß ein Bauer, der lange Zeit fortgewesen war, aus Amerika zurückkam und sich wieder zu seiner Frau in die Stube legte. Sie freuten sich einige Zeit, weil sie wieder vereint waren, und ließen es sich gut gehen, bis die letzten Ersparnisse weggeschmolzen waren. Als da die neuen Ersparnisse, die aus Amerika nachkommen sollten, noch immer nicht eingetroffen waren, machte sich der Bauer auf, um – wie es alle Bauern dieser Gegend taten – den Lebensunterhalt draußen durch Hausieren zu gewinnen, während die Frau die uneinträgliche Wirtschaft wieder weiter besorgte. Aber er kehrte nicht mehr zurück. Dagegen traf wenige Tage später auf einem von diesem abgelegenen Hofe der Bauer aus Amerika ein, erzählte seiner Frau auf den Tag genau, wie lange es her sei, verlangte zu essen, was sie damals am Tag des Abschieds gegessen hatten, wußte noch mit der Kuh Bescheid, die längst nicht mehr da war, und fand sich mit den Kindern in einer anständigen Weise zurecht, die ihm ein andrer Himmel beschert hatte als der, den er inzwischen über seinem Kopf getragen hatte. Auch dieser Bauer ging nach einer Weile des Behagens und Wohllebens auf die Wanderschaft mit dem Kram und kehrte nicht mehr zurück. Das ereignete sich in der Gegend noch ein drittes und viertes Mal, bevor man darauf kam, daß es ein Schwindler war, der drüben mit den Männern zusammen gearbeitet und sie ausgefragt hatte. Er wurde irgendwo von den Behörden festgenommen und eingesperrt, und keine sah ihn mehr wieder. Das soll allen leid getan haben, denn jede hätte ihn gern noch ein paar Tage gehabt und ihn mit ihrer Erinnerung verglichen, um sich nicht auslachen lassen zu müssen; denn jede wollte wohl gleich etwas gemerkt haben, das nicht ganz zum Gedächtnis stimmte, aber keine war dessen so sicher gewesen, daß man es hätte darauf ankommen lassen können und dem in seine Rechte wiederkehrenden Mann Schwierigkeiten machen wollte.

So waren diese Weiber. Ihre Beine staken in braunen Wollkitteln mit handbreiten roten, blauen oder orangenen Borten, und die Tücher, die sie am Kopf und gekreuzt über der Brust trugen, waren billiger Kattundruck moderner Fabrikmuster, aber durch irgend etwas in den Farben oder deren Verteilung wiesen sie weit in die Jahrhunderte der Altvordern zurück. Das war viel älter als Bauerntrachten sonst, weil es nur ein Blick war, verspätet, durch all die Zeiten gewandert, trüb und schwach angelangt, aber man fühlte ihn dennoch deutlich auf sich ruhn, wenn man sie ansah. Sie trugen Schuhe, die wie Einbäume aus einem Stück Holz geschnitten waren, und an der Sohle hatten sie wegen der schlechten Wege zwei messerartige Eisenstege, auf denen sie in ihren blauen und braunen Strümpfen gingen wie die Japanerinnen. Wenn sie warten mußten, setzten sie sich nicht auf den Wegrand, sondern auf die flache Erde des Pfads und zogen die Knie hoch wie die Neger. Und wenn sie, was zuweilen geschah, auf ihren Eseln die Berge hinanritten, dann saßen sie nicht auf ihren Röcken, sondern wie Männer und mit unempfindlichen Schenkeln auf den scharfen Holzkanten der Tragsättel, hatten wieder die Beine unziemlich hochgezogen und ließen sich mit einer leise schaukelnden Bewegung des ganzen Oberkörpers tragen.

Sie verfügten aber auch über eine verwirrend freie

Freundlichkeit und Liebenswürdigkeit. »Treten Sie bitte ein«, sagten sie aufrecht wie die Herzoginnen, wenn man an ihre Bauerntür klopfte, oder wenn man eine Weile mit ihnen stand und im Freien plauderte, konnte plötzlich eine mit der höchsten Höflichkeit und Zurückhaltung fragen: »Darf ich Ihnen nicht den Mantel halten?« Als Doktor Homo einmal einem reizenden vierzehnjährigen Mädel sagte, »Komm ins Heu«, – nur so, weil ihm das Heu plötzlich so natürlich erschien wie für Tiere das Futter, – da erschrak dieses Kindergesicht unter dem spitz vorstehenden Kopftuch der Altvordern keineswegs, sondern schnob nur heiter aus Nase und Augen, die Spitzen ihrer kleinen Schuhboote kippten um die Fersen hoch, und mit geschultertem Rechen wäre sie beinahe aufs zurückschnellende Gesäß gefallen, wenn das Ganze nicht bloß ein Ausdruck lieblich ungeschickten Erstaunens über die Begehrlichkeit des Manns hätte sein sollen, wie in der komischen Oper. Ein andermal fragte er eine große Bäurin, die aussah wie eine deutsche Wittib am Theater, »Bist du noch eine Jungfrau, sag?!« und faßte sie am Kinn, – wieder nur so, weil die Scherze doch etwas Mannsgeruch haben sollen; die aber ließ das Kinn ruhig auf seiner Hand ruhn und antwortete ernst: »Ja, natürlich.« Homo verlor da fast die Führung; »Du bist noch eine Jungfrau?!« wunderte er sich schnell und lachte. Da kicherte sie mit. »Sag!?« drang er jetzt näher und schüttelte sie spielend am Kinn. Da blies sie ihm ins Gesicht und lachte: »Gewesen!«

»Wenn ich zu dir komm, was krieg ich?« frug es sich weiter.

»Was Sie wollen.«

»Alles, was ich will?«

»Alles.«

»Wirklich alles?!«

»Alles! Alles!!« und das war eine so vorzüglich und leidenschaftlich gespielte Leidenschaft, daß diese Theaterechtheit auf sechzehnhundert Meter Höhe ihn sehr verwirrte. Er wurde es nicht mehr los, daß dieses Leben, welches heller und würziger war als jedes Leben zuvor, gar nicht mehr Wirklichkeit, sondern ein in der Luft schwebendes Spiel sei.

Es war inzwischen Sommer geworden. Als er zum erstenmal die Schrift seines kranken Knaben auf einem ankommenden Brief gesehen hatte, war ihm der Schreck des Glücks und heimlichen Besitzes von den Augen bis in die Beine gefahren; daß sie jetzt seinen Aufenthaltsort wußten, erschien ihm wie eine ungeheure Befestigung. Er ist hier, oh, man wußte nun alles, und er brauchte nichts mehr zu erklären. Weiß und violett, grün und braun standen die Wiesen. Er war kein Gespenst. Ein Märchenwald von alten Lärchenstämmen, zartgrün behaarten, stand auf smaragdener Schräge. Unter dem Moos mochten violette und weiße Kristalle leben. Der Bach fiel einmal mitten im Wald über einen Stein so, daß er aussah wie ein großer silberner Steckkamm. Er beantwortete nicht mehr die Briefe seiner Frau. Zwischen den Geheimnissen dieser Natur war das Zusammengehören eines davon. Es gab eine zart scharlachfarbene Blume, es gab diese in keines anderen Mannes Welt, nur in seiner, so hatte es Gott geordnet, ganz als ein Wunder. Es gab eine Stelle am Leib, die wurde versteckt und niemand durfte sie sehn, wenn er nicht sterben sollte, nur einer. Das kam ihm in diesem Augenblick so wundervoll unsinnig und unpraktisch vor, wie es nur eine tiefe Religion sein kann. Und er erkannte jetzt erst, was er getan hatte, indem er sich für diesen Sommer absonderte und von seiner eigenen Strömung treiben ließ, die ihn erfaßt hatte. Er sank zwischen den Bäumen mit den giftgrünen Bärten aufs Knie, breitete die Arme aus, was er so noch nie in seinem Leben getan hatte, und ihm war zu Mut, als hätte man ihm in diesem Augenblick sich selbst aus den Armen genommen. Er fühlte die Hand seiner Geliebten in seiner, ihre Stimme im Ohr, alle Stellen seines Körpers waren wie eben erst berührt, er empfand sich selbst wie eine von einem anderen Körper gebildete Form. Aber er hatte sein Leben außer Kraft gesetzt. Sein Herz war demütig vor der Geliebten und arm wie ein Bettler geworden, beinahe strömten ihm Gelübde und Tränen aus der Seele. Dennoch stand es fest, daß er nicht umkehrte, und seltsamerweise war mit seiner Aufregung ein Bild der rings um den Wald blühenden Wiesen verbunden, und trotz der Sehnsucht nach Zukunft das Gefühl, daß er da, zwischen Anemonen, Vergißmeinnicht, Orchideen, Enzian und dem herrlich grünbraunen Sauerampfer, tot liegen werde. Er streckte sich am Moose aus. »Wie Dich hinübernehmen?« fragte sich Homo. Und sein Körper fühlte sich sonderbar müd wie ein starres Gesicht, das von einem Lächeln aufgelöst wird. Da hatte er nun immer gemeint, in der Wirklichkeit zu leben, aber war etwas unwirklicher, als daß ein Mensch für ihn etwas anderes war als alle anderen Menschen? Daß es unter den unzähligen Körpern einen gab, von dem sein inneres Wesen fast ebenso abhing wie von seinem eigenen Körper? Dessen Hunger und Müdigkeit, Hören und Sehen mit seinem zusammenhing? Als das Kind aufwuchs, wuchs das, wie die Geheimnisse des Bodens in ein Bäumchen, in irdisches Sorgen und Behagen hinein. Er liebte sein Kind, aber wie es sie überleben würde, hatte es noch früher den jenseitigen Teil getötet. Und es wurde ihm plötzlich heiß von einer neuen Gewißheit. Er war kein dem Glauben zugeneigter Mensch, aber in diesem Augenblick war sein Inneres erhellt. Die Gedanken erleuchteten so wenig wie dunstige Kerzen in dieser großen Helle seines Gefühls, es war nur ein herrliches, von Jugend umflossenes Wort: Wiedervereinigung da. Er nahm sie in alle Ewigkeiten immer mit sich, und in dem Augenblick, wo er sich diesem Gedanken hingab, waren die kleinen Entstellungen, welche die Jahre der Geliebten zugefügt hatten, von ihr genommen, es war ewiger erster Tag. Jede weltläufige Betrachtung versank, jede Möglichkeit des Überdrusses und der Untreue, denn niemand wird die Ewigkeit für den Leichtsinn einer Viertelstunde opfern, und er erfuhr zum erstenmal die Liebe ohne allen Zweifel als ein himmlisches Sakrament. Er erkannte die persönliche Vorsehung, welche sein Leben in diese Einsamkeit gelenkt hatte, und fühlte wie einen gar nicht mehr irdischen Schatz, sondern wie eine für ihn bestimmte Zauberwelt den Boden mit Gold und Edelsteinen unter seinen Füßen.

Von diesem Tag an war er von einer Bindung befreit, wie von einem steifen Knie oder einem schweren Rucksack. Der Bindung an das Lebendigseinwollen, dem Grauen vor dem Tode. Es geschah ihm nicht, was er immer kommen geglaubt hatte, wenn man bei voller Kraft sein Ende nahe zu sehen meint, daß man das Leben toller und durstiger genießt, sondern er fühlte sich bloß nicht mehr verstrickt und voll einer herrlichen Leichtheit, die ihn zum Sultan seiner Existenz machte.

Die Bohrungen hatten zwar nicht recht vorwärtsgeführt, aber es war ein Goldgräberleben, das sie umspann. Ein Bursche hatte Wein gestohlen, das war ein Verbrechen gegen das gemeine Interesse, dessen Bestrafung allgemein auf Billigung rechnen konnte, und man brachte ihn mit gebundenen Händen. Mozart Amadeo Hoffingott ordnete an, daß er zum abschreckenden Beispiel Tag und Nacht lang an einen Baum gebunden stehen sollte. Aber als der Werkführer mit dem Strick kam, ihn zum Spaß eindrucksvoll hin und her schwenkte und ihn zunächst über einen Nagel hing, begann der Junge am ganzen Leib zu zittern, weil er nicht anders dachte, als daß er aufgeknüpft werden solle. Ganz das gleiche geschah, obwohl das schwer zu begründen wäre, wenn Pferde eintrafen, ein Nachschub von außen oder solche, die für einige Tage Pflege herabgeholt worden waren: sie standen dann in Gruppen auf der Wiese oder legten sich nieder, aber sie gruppierten sich immer irgendwie scheinbar regellos in die Tiefe, so daß es nach einem geheim verabredeten ästhetischen Gesetz genauso aussah wie die Erinnerung an die kleinen grünen, blauen und rosa Häuser unter dem Selvot. Wenn sie aber oben waren und die Nacht über in irgendeinem Bergkessel angebunden standen, zu je dreien oder vieren an einem umgelegten Baum, und man war um drei Uhr im Mondlicht aufgebrochen und kam jetzt um halb fünf des Morgens vorbei, dann schauten sich alle nach dem um, der vorbeiging, und man fühlte in dem wesenlosen Frühmorgenlicht sich als einen Gedanken in einem sehr langsamen Denken. Da Diebstähle und mancherlei Unsicheres vorkamen, hatte man rings in der Umgebung alle Hunde aufgekauft, um sie zur Bewachung zu benützen. Die Streiftrupps brachten sie in großen Rudeln herbei, zu zweit oder dritt an Stricken geführt ohne Halsband. Das waren nun mit einemmal ebensoviel Hunde wie Menschen am Ort, und man mochte sich fragen, welche von beiden Gruppen sich eigentlich auf dieser Erde als Herr im eigenen Hause fühlen dürfe, und welche nur als angenommener Hausgenosse. Es waren vornehme Jagdhunde darunter, venezianische Bracken, wie man sie in dieser Gegend noch zuweilen hielt, und bissige Hausköter wie böse kleine Affen. Sie standen in Gruppen, die sich, man wußte nicht warum, zusammengefunden hatten und fest zusammenhielten, aber von Zeit zu Zeit fielen sie in jeder Gruppe wütend übereinander her. Manche waren halbverhungert, manche verweigerten die Nahrung; ein kleiner weißer fuhr dem Koch an die Hand, als er ihm die Schüssel mit Fleisch und Suppe hinstellen wollte, und biß ihm einen Finger ab. – Um halb vier Uhr des Morgens war es schon ganz hell, aber die Sonne war noch nicht zu sehen. Wenn man da oben am Berg an den Malgen vorbeikam, lagen die Rinder auf den Wiesen in der Nähe halb wach und halb schlafend. In mattweißen steinernen großen Formen lagen sie auf den eingezogenen Beinen, den Körper hinten etwas zur Seite hängend; sie blickten den Vorübergehenden nicht an, noch ihm nach, sondern hielten das Antlitz unbewegt dem erwarteten Licht entgegen, und ihre gleichförmig langsam mahlenden Mäuler schienen zu beten. Man durchschritt ihren Kreis wie den einer dämmrigen erhabenen Existenz, und wenn man von oben zurückblickte, sahen sie wie weiß hingestreute stumme Violinschlüssel aus, die von der Linie des Rückgrats, der Hinterbeine und des Schweifs gebildet wurden. Überhaupt gab es viel Abwechslung. Zum Beispiel, es brach einer ein Bein und zwei Leute trugen ihn auf den Armen vorbei. Oder es wurde plötzlich »Feu ... er« gerufen, und alles lief, um sich zu decken, denn für den Wegbau wurde ein großer Stein gesprengt. Ein Regen wischte gerade mit den ersten Strichen naß über das Gras. Unter einem Strauch am andern Bachufer brannte ein Feuer, das man über das neue Ereignis vergessen hatte, während es bis dahin sehr wichtig gewesen war; als einziger Zuseher stand daneben jetzt nur noch eine junge Birke. An diese Birke war mit einem in der Luft hängenden Bein noch das schwarze Schwein gebunden; das Feuer, die Birke und das Schwein sind jetzt allein. Dieses Schwein hatte schon geschrien, als es ein einzelner bloß am Strick führte und ihm gut zusprach, doch weiter zu kommen. Dann schrie es lauter, als es zwei andre Männer erfreut auf sich zurennen sah. Erbärmlich, als es bei den Ohren gepackt und ohne Federlesens vorwärtsgezerrt wurde. Es stemmte sich mit den vier Beinen dagegen, aber der Schmerz in den Ohren zog es in kurzen Sprüngen vorwärts. Am andern Ende der Brücke hatte schon einer nach der Hacke gegriffen und schlug es mit der Schneide gegen die Stirn. Von diesem Augenblick an ging alles viel mehr in Ruhe. Beide Vorderbeine brachen gleichzeitig ein, und das Schweinchen schrie erst wieder, als ihm das Messer schon in der Kehle stak; das war zwar ein gellendes, zuckendes Trompeten, aber es sank gleich zu einem Röcheln zusammen, das nur noch wie ein pathetisches Schnarchen war. Das alles bemerkte Homo zum erstenmal in seinem Leben.

Wenn es Abend geworden war, kamen alle im kleinen Pfarrhof zusammen, wo sie ein Zimmer als Kasino gemietet hatten. Freilich war das Fleisch, das nur zweimal der Woche den langen Weg heraufkam, oft etwas verdorben, und man litt nicht selten an einer mäßigen Fleischvergiftung. Trotzdem kamen alle, sobald es dunkel wurde, mit ihren kleinen Laternen die unsichtbaren Wege dahergestolpert. Denn sie litten noch mehr als an Fleischvergiftung an Traurigkeit und Öde, obgleich es so schön war. Sie spülten es mit Wein aus. Eine Stunde nach Beginn lag in dem Pfarrzimmer eine Wolke von Traurigkeit und Tanz. Das Grammophon räderte hindurch wie ein vergoldeter Blechkarren über eine weiche, von wundervollen Sternen besäte Wiese. Sie sprachen nichts mehr miteinander, sondern sie sprachen. Was hätten sie sich sagen sollen, ein Privatgelehrter, ein Unternehmer, ein ehemaliger Strafanstaltsinspektor, ein Bergingenieur, ein pensionierter Major? Sie sprachen in Zeichen – mochten das trotzdem auch Worte sein: des Unbehagens, des relativen Behagens, der Sehnsucht –, eine Tiersprache. Oft stritten sie unnötig lebhaft über irgendeine Frage, die keinen etwas anging, beleidigten einander sogar, und am nächsten Tag gingen Kartellträger hin und her. Dann stellte sich heraus, daß eigentlich überhaupt niemand anwesend gewesen war. Sie hatten es nur getan, weil sie die Zeit totschlagen mußten, und wenn sie auch keiner von ihnen je wirklich gelebt hatte, kamen sie sich doch roh wie die Schlächter vor und waren gegeneinander erbittert.

Es war die überall gleiche Einheitsmasse von Seele: Europa. Ein so unbestimmtes Unbeschäftigtsein, wie es sonst die Beschäftigung war. Sehnsucht nach Weib, Kind, Behaglichkeit. Und zwischendurch immer von neuem das Grammophon. Rosa, wir fahr'n nach Lodz, Lodz, Lodz … und Komm in meine Liebeslaube … Ein astraler Geruch von Puder, Gaze, ein Nebel von fernem Varieté und europäischer Sexualität. Unanständige Witze zerknallten zu Gelächter und fingen alle immer wieder mit den Worten an: Da ist einmal ein Jud auf der Eisenbahn gefahren …; nur einmal fragte einer: Wieviel Rattenschwänze braucht man von der Erde zum Mond? Da wurde es sogar still, und der Major ließ Tosca spielen und sagte, während das Grammophon zum Loslegen ausholte, melancholisch: »Ich habe einmal die Geraldine Farrar heiraten wollen.« Dann kam ihre Stimme aus dem Trichter in das Zimmer und stieg in einen Lift, diese von den betrunkenen Männern angestaunte Frauenstimme, und schon fuhr der Lift mit ihr wie rasend in die Höhe, kam an kein Ziel, senkte sich wieder, federte in der Luft. Ihre Röcke blähten sich vor Bewegung, dieses Auf und Nieder, dieses eine Weile lang angepreßt Stilliegen an einen Ton, und wieder sich Heben und Sinken, und bei alldem dieses Verströmen, und immer doch noch von einer neuen Zuckung Gefaßtwerden, und wieder Ausströmen: war Wollust. Homo fühlte, es war nackt jene auf alle Dinge in den Städten verteilte Wollust, die sich von Totschlag, Eifersucht, Geschäften, Automobilrennen nicht mehr unterscheiden kann, – ah, es war gar nicht mehr Wollust, es war Abenteuersucht, – nein, es war nicht Abenteuersucht, sondern ein aus dem Himmel niederfahrendes Messer, ein Würgengel, Engelswahnsinn, der Krieg? Von einem der vielen langen Fliegenpapiere, die von der Decke herabhingen, war vor ihm eine Fliege heruntergefallen und lag vergiftet am Rücken, mitten in einer jener Lachen, zu denen in den kaum merklichen Falten des Wachstuchs das Licht der Petroleumlampen zusammenfloß; sie waren so vorfrühlingstraurig, als ob nach Regen ein starker Wind gefegt hätte. Die Fliege machte ein paar immer schwächer werdende Anstrengungen, um sich aufzurichten, und eine zweite Fliege, die am Tischtuch äste, lief von Zeit zu Zeit hin, um sich zu überzeugen, wie es stünde. Auch Homo sah ihr genau zu, denn die Fliegen waren hier eine große Plage. Als aber der Tod kam, faltete die Sterbende ihre sechs Beinchen ganz spitz zusammen und hielt sie so in die Höhe, dann starb sie in ihrem blassen Lichtfleck am Wachstuch wie in einem Friedhof von Stille, der nicht in Zentimetermaßen und nicht für Ohren, aber doch vorhanden war. Jemand erzählte gerade: »Das soll einer einmal wirklich ausgerechnet haben, daß das ganze Haus Rothschild nicht so viel Geld hat, um eine Fahrkarte dritter Klasse bis zum Mond zu bezahlen.« Homo sagte leise vor sich hin: »Töten, und doch Gott spüren; Gott spüren, und doch töten?« und er schnellte mit dem Zeigefinger dem ihm gegenüber sitzenden Major die Fliege gerade ins Gesicht, was wieder einen Zwischenfall gab, der bis zum nächsten Abend vorhielt.

Damals hatte er schon lange Grigia kennengelernt, und vielleicht kannte sie der Major auch. Sie hieß Lene Maria Lenzi; das klang wie Selvot und Gronleit oder Malga Mendana, nach Amethystkristallen und Blumen, er aber nannte sie noch lieber Grigia, mit langem I und verhauchtem Dscha, nach der Kuh, die sie hatte, und Grigia, die Graue, rief. Sie saß dann, mit ihrem violett braunen Rock und dem gesprenkelten Kopftuch, am Rand ihrer Wiese, die Spitzen der Holländerschuhe in die Luft gekrümmt, die Hände auf der bunten Schürze verschränkt, und sah so natürlich lieblich aus wie ein schlankes giftiges Pilzchen, während sie der in der Tiefe weidenden Kuh von Zeit zu Zeit ihre Weisungen gab. Eigentlich bestanden sie nur aus den vier Worten »Geh ea!« und »Geh aua!«, was soviel zu bedeuten schien wie »komm her« und »komm herauf«, wenn sich die Kuh zu weit entfernte; versagte aber Grigias Dressur, so folgte dem ein heftig entrüstetes: »Wos, Teufi, do geh hea«, und als letzte Instanz polterte sie wie ein Steinchen selbst die Wiese hinab, das nächste Stück Holz in der Hand, das sie aus Wurfdistanz nach der Grauen sandte. Da Grigia aber einen ausgesprochenen Hang hatte, sich immer wieder talwärts zu entfernen, wiederholte sich der Vorgang in allen seinen Teilen mit der Regelmäßigkeit eines sinkenden und stets von neuem aufgewundenen Pendelgewichts. Weil das so paradiesisch sinnlos war, neckte er sie damit, indem er sie selbst Grigia rief. Er konnte sich nicht verhehlen, daß sein Herz lebhafter schlug, wenn er sich der so Sitzenden aus der Ferne nahte; so schlägt es, wenn man plötzlich in Tannenduft eintritt oder in die würzige Luft, die von einem Waldboden aufsteigt, der viele Schwämme trägt. Es blieb immer etwas Grauen vor der Natur in diesem Eindruck enthalten, und man darf sich nicht darüber täuschen, daß die Natur nichts weniger als natürlich ist; sie ist erdig, kantig, giftig und unmenschlich in allem, wo ihr der Mensch nicht seinen Zwang auferlegt. Wahrscheinlich war es gerade das, was ihn an die Bäuerin band, und zur anderen Hälfte war es ein nimmermüdes Staunen, weil sie so sehr einer Frau glich. Man würde ja auch staunen, wenn man mitten im Holz eine Dame mit einer Teetasse sitzen sähe.

Bitte, treten Sie ein, hatte auch sie gesagt, als er zum erstenmal an ihre Tür klopfte. Sie stand am Herd und hatte einen Topf am Feuer; da sie nicht wegkonnte, wies sie bloß höflich auf die Küchenbank, später erst wischte sie die Hand lächelnd an der Schürze ab und reichte sie den Besuchern; es war eine gut geformte Hand, so samten rauh wie feinstes Sandpapier oder rieselnde Gartenerde. Und das Gesicht, das zu ihr gehörte, war ein ein wenig spöttelndes Gesicht, mit einer feinen, graziösen Gratlinie, wenn man es von der Seite ansah, und einem Mund, der ihm sehr auffiel. Dieser Mund war geschwungen wie Kupidos Bogen, aber außerdem war er gepreßt, so wie wenn man Speichel schluckt, was ihm in all seiner Feinheit eine entschlossene Roheit, und dieser Roheit wieder einen kleinen Zug von Lustigkeit gab, was trefflich zu den Schuhen paßte, aus welchen das Figürchen herauswuchs wie aus wilden Wurzeln. – Es galt irgendein Geschäft zu besprechen, und als sie fortgingen, war wieder das Lächeln da, und die Hand ruhte vielleicht einen Augenblick länger in der seinen als beim Empfang. Diese

Eindrücke, die in der Stadt so bedeutungslos wären, waren hier in der Einsamkeit Erschütterungen, nicht anders, als hätte ein Baum seine Äste bewegen wollen in einer Weise, die durch keinen Wind oder eben wegfliegenden Vogel zu erklären war.

Kurze Zeit danach war er der Geliebte einer Bauernfrau geworden; diese Veränderung, die mit ihm vorgegangen war, beschäftigte ihn sehr, denn ohne Zweifel war da nicht etwas durch ihn, sondern mit ihm geschehen. Als er das zweitemal gekommen war, hatte sich Grigia gleich zu ihm auf die Bank gesetzt, und als er ihr zur Probe, wie weit er schon gehen dürfe, die Hand auf den Schoß legte und ihr sagte, du bist hier die Schönste, ließ sie seine Hand auf ihrem Schenkel ruhen, legte bloß ihre darauf, und damit waren sie versprochen. Nun küßte er sie auch zum Siegel, und ihre Lippen schnalzten danach, so wie sich Lippen befriedigt von einem Trinkgefäß lösen, dessen Rand sie gierig umfaßt hielten. Er erschrak sogar anfangs ein wenig über diese gemeine Weise und war gar nicht bös, als sie sein weiteres Vordringen abwehrte; er wußte nicht warum, er verstand hier überhaupt nichts von den Sitten und Gefahren und ließ sich neugierig auf ein andermal vertrösten. Beim Heu, hatte Grigia gesagt, und als er schon in der Tür stand und auf Wiedersehen sagte, sagte sie »auf's g'schwindige Wiederseh'n« und lächelte ihm zu.

Er war noch am Heimweg, da wurde er schon glücklich über das Geschehene; so wie ein heißes Getränk plötzlich nachher zu wirken beginnt. Der Einfall, zusammen in den Heustall zu gehn – man öffnet ein schweres hölzernes Tor, man zieht es zu, und bei jedem Grad, um den es sich in den Angeln dreht, wächst die Finsternis, bis man am Boden eines braunen, senkrecht stehenden Dunkels hockt –, freute ihn wie eine kindliche List. Er dachte an die Küsse zurück und fühlte sie schnalzen, als hätte man ihm einen Zauberring um den Kopf gelegt. Er stellte sich das Kommende vor und mußte wieder an die Bauernart zu essen denken; sie kauen langsam, schmatzend, jeden Bissen würdigend, so tanzen sie auch. Schritt um Schritt, und wahrscheinlich ist alles andere ebenso; er wurde so steif in den Beinen vor Aufregung bei diesen Vorstellungen, als stäken seine Schuhe schon etwas im Boden. Die Frauen schließen die Augendeckel und machen ein ganz steifes Gesicht, eine Schutzmaske, damit man sie nicht durch Neugierde stört; sie lassen sich kaum ein Stöhnen entreißen, regungslos wie Käfer, die sich tot stellen, konzentrieren sie alle Aufmerksamkeit auf das, was mit ihnen vorgeht. Und so geschah es auch; Grigia scharrte mit der Kante der Sohle das bißchen Winterheu, das noch da war, zu einem Häuflein zusammen und lächelte zum letztenmal, als sie sich nach dem Saum ihres Rockes bückte wie eine Dame, die sich das Strumpfband richtet.

Das alles war genau so einfach und gerade so verzaubert wie die Pferde, die Kühe und das tote Schwein. Wenn sie hinter den Balken waren und außen polterten schwere Schuhe auf dem Steinweg heran, schlugen vorbei und verklangen, so pochte ihm das Blut bis in den Hals, aber Grigia schien schon am dritten Schritt zu erraten, ob die Schuhe herwollten oder nicht. Und sie hatte Zauberworte. Die Nos, sagte sie etwa, und statt Bein der Schenken. Der Schurz war die Schürze.

Tragt viel aus, bewunderte sie, und geliegen han i an bißl ins Bett eini, machte es unter verschlafenen Augen. Als er ihr einmal drohte, nicht mehr zu kommen, lachte sie: »I glock an bei Ihm!« und da wußte er nicht, ob er erschrak oder glücklich war, und das mußte sie bemerkt haben, denn sie fragte: »Reut's ihn? Viel reut's ihn?« Das waren so Worte wie die Muster der Schürzen und Tücher und die farbigen Borten oben am Strumpf, etwas angeglichen der Gegenwart schon durch die Weite der Wanderschaft, aber geheimnisvolle Gäste. Ihr Mund war voll von ihnen, und wenn er ihn küßte, wußte er nie, ob er dieses Weib liebte, oder ob ihm ein Wunder bewiesen werde, und Grigia nur der Teil einer Sendung war, die ihn mit seiner Geliebten in Ewigkeit weiter verknüpfte. Einmal sagte ihm Grigia geradezu: »Denken tut er was ganz andres, i seh's ihm eini«, und als er eine Ausflucht gebrauchte, meinte sie nur, »ah, das is an extrige Sküß«. Er fragte sie, was das heißen solle, aber sie wollte nicht mit der Sprache heraus, und er mußte selbst erst lang nachdenken, bis er soviel aus ihr herausfragen konnte, um zu erraten, daß hier vor zweihundert Jahren auch französische Bergknappen gelebt hatten, und daß es einmal vielleicht excuse geheißen habe. Aber es konnte auch etwas Seltsameres sein.

Man mag das nun stark empfinden oder nicht. Man mag Grundsätze haben, dann ist es nur ein ästhetischer Scherz, den man eben mitnimmt. Oder man hat keine Grundsätze oder sie haben sich vielleicht eben etwas gelöst, wie es bei Homo der Fall war, als er reiste, dann kann es geschehen, daß diese fremden Lebenserscheinungen Besitz von dem ergreifen, was herrenlos geworden ist. Sie gaben ihm aber kein neues, von Glück ehrgeizig und erdfest gewordenes Ich, sondern sie siedelten nur so in zusammenhanglos schönen Flecken im Luftriß seines Körpers. Home fühlte an irgend etwas, daß er bald sterben werde, er wußte bloß noch nicht, wie oder wann. Sein altes Leben war kraftlos geworden; es wurde wie ein Schmetterling, der gegen den Herbst zu immer schwächer wird.

Er sprach manchmal mit Grigia davon; sie hatte eine eigene Art, sich danach zu erkundigen: so voll Respekt wie nach etwas, das ihr anvertraut war, und ganz ohne Selbstsucht. Sie schien es in Ordnung zu finden, daß es hinter ihren Bergen Menschen gab, die er mehr liebte als sie, die er mit ganzer Seele liebte. Und er fühlte diese Liebe nicht schwächer werden, sie wurde stärker und neuer; sie wurde nicht blasser, aber sie verlor, je tiefer sie sich färbte, desto mehr die Fähigkeit, ihn in der Wirklichkeit zu etwas zu bestimmen oder an etwas zu hindern. Sie war in jener wundersamen Weise schwerlos und von allem Irdischen frei, die nur der kennt, welcher mit dem Leben abschließen mußte und seinen Tod erwarten darf; war er vordem noch so gesund, es ging damals ein Aufrichten durch ihn wie durch einen Lahmen, der plötzlich seine Krücken fortwirft und wandelt.

Das wurde am stärksten, als die Heuernte kam. Das Heu war schon gemäht und getrocknet, mußte nur noch gebunden und die Bergwiesen hinaufgeschafft werden. Homo sah von der nächsten Anhöhe aus zu, die wie ein Schaukelschwung hoch und weit davon losgehoben war. Das Mädel formt – ganz allein auf der Wiese, ein gesprenkeltes Püppchen unter der ungeheuren Glasglocke des Himmels – auf jede nur erdenkliche Weise ein riesiges Bündel. Kniet sich hinein und zieht mit beiden Armen das Heu an sich. Legt sich, sehr sinnlich, auf den Bauch über den Ballen und greift vor sich an ihm hinunter. Legt sich ganz auf die Seite und langt nur mit einem Arm, soweit man ihn strecken kann. Kriecht mit einem Knie, mit beiden Knien hinauf. Homo fühlt, es hat etwas vom Pillendreher, jenem Käfer. Endlich schiebt sie ihren ganzen Körper unter das mit einem Strick umschlungene Bündel und hebt sich mit ihm langsam hoch. Das Bündel ist viel größer als das bunte schlanke Menschlein, das es trägt – oder war das nicht Grigia?

Wenn Homo, um sie zu suchen, oben die lange Reihe von Heuhaufen entlang ging, welche die Bäurinnen auf der ebenen Stufe des Hangs errichtet hatten, ruhten sie gerade; da konnte er sich kaum fassen, denn sie lagen auf ihren Heuhügeln wie Michel Angelos Statuen in der Mediceerkapelle zu Florenz, einen Arm mit dem Kopf aufgestützt und den Leib wie in einer Strömung ruhend. Und als sie mit ihm sprachen und ausspucken mußten, taten sie es sehr künstlich; sie zupften mit drei Fingern ein Büschel Heu heraus, spuckten in den Trichter und stopften das Heu wieder darüber: das konnte zum Lachen reizen; bloß wenn man zu ihnen gehörte, wie Homo, der Grigia suchte, mochte man auch plötzlich erschrecken über diese rohe Würde. Aber Grigia war selten dabei, und wenn er sie endlich fand, hockte sie in einem Kartoffelacker und lachte ihn an. Er wußte, sie hat nichts als zwei Röcke an, die trockene Erde, die durch ihre schlanken, rauhen Finger rann, berührte ihren Leib. Aber die Vorstellung hatte nichts Ungewöhnliches mehr für ihn, sein Inneres hatte sich schon seltsam damit vertraut gemacht, wie Erde berührt, und vielleicht traf er sie in diesem Acker auch gar nicht zur Zeit der Heuernte, es lebte sich alles so durcheinander.

Die Heuställe hatten sich gefüllt. Durch die Fugen zwischen den Balken strömt silbernes Licht ein. Das Heu strömt grünes Licht aus. Unter dem Tor liegt eine dicke goldene Borte.

Das Heu roch säuerlich. Wie die Negergetränke, die aus dem Teig von Früchten und menschlichem Speichel entstehn. Man brauchte sich nur zu erinnern, daß man hier unter Wilden lebte, so entstand schon ein Rausch in der Hitze des engen, von gärendem Heu hochgefüllten Raums.

Das Heu trägt in allen Lagen. Man steht darin bis an die Waden, unsicher zugleich und überfest gehalten. Man liegt darin wie in Gottes Hand, möchte sich in Gottes Hand wälzen wie ein Hündchen oder ein Schweinchen. Man liegt schräg, und fast senkrecht wie ein Heiliger, der in einer grünen Wolke zum Himmel fährt.

Das waren Hochzeitstage und Himmelfahrtstage.

Aber einmal erklärte Grigia: es geht nicht mehr. Er konnte sie nicht dazu bringen, daß sie sagte, warum. Die Schärfe um den Mund und die lotrechte kleine Falte zwischen den Augen, die sie sonst nur für die Frage anstrengte, in welchem Stadel ein nächstesmal das schönste Zusammenkommen sei, deutete schlecht Wetter an, das irgendwo in der Nähe stand. Waren sie ins Gerede gekommen? Aber die Gevatterinnen, die ja vielleicht etwas merkten, waren alle immer so lächelnd wie bei einer Sache, der man gern zusieht. Aus Grigia war nichts herauszubekommen. Sie gebrauchte Ausreden, sie war seltener zu treffen; aber sie hütete ihre Worte wie ein mißtrauischer Bauer.

Einmal hatte Homo ein böses Zeichen. Die Gamaschen waren ihm aufgegangen, er stand an einem Zaun und wickelte sie neu, als eine vorbeigehende Bäurin ihm freundlich sagte: »Laß er die Strümpf doch unten, es wird ja bald Nacht.« Das war in der Nähe von Grigias Hof. Als er es Grigia erzählte, machte sie ein hochmütiges Gesicht und sagte: »Die Leute reden, und den Bach rinnen, muß man lassen«; aber sie schluckte Speichel und war mit den Gedanken anderswo. Da erinnerte er sich plötzlich einer sonderbaren Bäurin, die einen Schädel wie eine Aztekin hatte und immer vor ihrer Tür saß, das schwarze Haar, das ihr etwas über die Schultern reichte, aufgelöst, und von drei pausbäckigen gesunden Kindern umgeben. Grigia und er kamen alle Tage achtlos vorbei, es war die einzige Bäurin, die er nicht kannte, und merkwürdigerweise hatte er auch noch nie nach ihr gefragt, obgleich ihm ihr Aussehen auffiel; es war fast, als hätten sich stets das gesunde Leben ihrer Kinder und das gestörte ihres Gesichts gegenseitig als Eindrücke zu Null aufgehoben. Wie er jetzt war, schien es ihm plötzlich gewiß zu sein, daß nur von daher das Beunruhigende gekommen sein könne. Er fragte, wer sie sei, aber Grigia zuckte bös die Achseln und stieß nur hervor: »Die weiß nit, was sie sagt! Ein Wort hie, ein Wort über die Berge!« Das begleitete sie mit einer heftigen Bewegung der Hand an der Stirn vorbei, als müßte sie das Zeugnis dieser Person gleich entwerten.

Da Grigia nicht zu bewegen war, wieder in einen der um das Dorf liegenden Heuställe zu kommen, schlug ihr Homo vor, mit ihm höher ins Gebirge hinaufzugehn. Sie wollte nicht, und als sie schließlich nachgab, sagte sie mit einer Betonung, die Homo hinterdrein zweideutig vorkam: »Guat; wenn ma weg müass'n gehn.« Es war ein schöner Morgen, der noch einmal alles umspannte; weit draußen lag das Meer der Wolken und der Menschen. Grigia wich ängstlich allen Hütten aus, und auf freiem Felde zeigte sie – die sonst stets von einer reizenden Unbekümmertheit in allen Dispositionen ihrer Liebesstrategie gewesen war – Besorgtheit vor scharfen Augen. Da wurde er ungeduldig und erinnerte sich, daß sie eben an einem alten Stollen vorbeigekommen waren, dessen Betrieb auch von seinen eigenen Leuten bald wieder aufgegeben worden war. Er trieb Grigia hinein. Als er sich zum letztenmal umwandte, lag auf einer Bergspitze Schnee, darunter war golden in der Sonne ein kleines Feld mit gebundenen Ähren, und über beiden der weißblaue Himmel. Grigia machte wieder eine Bemerkung, die wie eine Anzüglichkeit war, sie hatte seinen Blick bemerkt und sagte zärtlich: »Das Blaue am Himmel lassen wir lieber hübsch oben, damit es schön bleibt«; was sie damit eigentlich meinte, vergaß er aber zu fragen, denn sie tasteten nun mit großer Vorsicht in ein immer enger werdendes Dunkel hinein. Grigia ging voraus, und als nach einer Weile sich der Stollen zu einer kleinen Kammer erweiterte, machten sie halt und umarmten einander. Der Boden unter ihren Füßen machte einen guten trockenen Eindruck, sie legten sich nieder, ohne daß Homo das Zivilisationsbedürfnis empfunden hätte, ihn mit dem Licht eines Streichholzes zu untersuchen. Noch einmal rann Grigia wie weich trockene Erde durch ihn, fühlte er sie im Dunkel erstarren und steif von Genuß werden, dann lagen sie nebeneinander und blickten, ohne sprechen zu wollen, nach dem kleinen fernen Viereck, vor dem weiß der Tag strahlte. In Homo wiederholte sich da sein Aufstieg hieher, er sah sich mit Grigia hinter dem Dorf zusammenkommen, dann steigen, wenden und steigen, er sah ihre blauen Strümpfe bis zu dem orangenen Saum unterm Knie, ihren wiegenden Gang auf den lustigen Schuhen, er sah sie vor dem Stollen stehen bleiben, sah die Landschaft mit dem kleinen goldenen Feld, und mit einemmal gewahrte er in der Helle des Eingangs das Bild ihres Mannes.

Er hatte noch nie an diesen Menschen gedacht, der bei den Arbeiten verwendet wurde; jetzt sah er das scharfe Wilddiebsgesicht mit den dunklen jägerlistigen Augen und erinnerte sich auch plötzlich an das einzigemal, wo er ihn sprechen gehört hatte; es war nach dem Einkriechen in einen alten Stollen, das kein anderer gewagt hatte, und es waren die Worte: »I bin von an Spektakl in andern kemma; das Zruckkemma ist halt schwer.«

Homo griff rasch nach seiner Pistole, aber im gleichen Augenblick war Lene Maria Lenzis Mann verschwunden, und das Dunkel ringsum war so dick wie eine Mauer. Er tastete sich zum Ausgang, Grigia hing an seinen Kleidern. Aber er überzeugte sich sofort, daß der Fels, der davor gerollt war, weit schwerer wog, als seine Kraft, ihn zu bewegen, reichte; er wußte nun auch, warum ihnen der Mann so viel Zeit gelassen hatte, er brauchte sie selbst, um seinen Plan zu fassen und einen Baumstamm als Hebel zu holen.

Grigia lag vor dem Stein auf den Knien und bettelte und tobte; es war widerwärtig und vergebens. Sie schwur, daß sie nie etwas Unrechtes getan habe und nie wieder etwas Unrechtes tun wolle, sie zeterte sogleich wie ein Schwein und rannte sinnlos gegen den Fels wie ein scheues Pferd. Homo fühlte schließlich, daß es so ganz in der Ordnung der Natur sei, aber er, der gebildete Mensch, vermochte anfangs gar nichts gegen seine Ungläubigkeit zu tun, daß wirklich etwas Unwiderrufliches geschehen sein sollte. Er lehnte an der Wand und hörte Grigia zu, die Hände in den Taschen. Später erkannte er sein Schicksal; traumhaft fühlte er es noch einmal auf ihn herabsinken, tage-, wochen- und monatelang, wie eben ein Schlaf anheben muß, der sehr lang dauert. Er legte sanft den Arm

um Grigia und zog sie zurück. Er legte sich neben sie und erwartete etwas. Früher hätte er wohl vielleicht gedacht, die Liebe müßte in solchem unentrinnbaren Gefängnis scharf wie Bisse sein, aber er vergaß überhaupt an Grigia zu denken. Sie war ihm entrückt oder er ihr, wenn er auch noch ihre Schulter spürte; sein ganzes Leben war ihm gerade so weit entrückt, daß er es noch da wußte, aber nimmer die Hand darauf legen konnte. Sie regten sich stundenlang nicht, Tage mochten vergangen sein und Nächte, Hunger und Durst lagen hinter ihnen, wie ein erregtes Stück Wegs, sie wurden immer schwächer, leichter und verschlossener; sie dämmerten weite Meere und wachten kleine Inseln. Einmal fuhr er ganz grell in so ein kleines Wachen auf: Grigia war fort; eine Gewißheit sagte ihm, daß es eben erst geschehen sein mußte. Er lächelte; hat ihm nichts gesagt von dem Ausweg; wollte ihn zurücklassen, zum Beweis für ihren Mann ...! Er stützte sich auf und sah um sich; da entdeckte auch er einen schwachen, schmalen Schimmer. Er kroch ein wenig näher, tiefer in den Stollen hinein – sie hatten immer nach der andern Seite gesehen. Da erkannte er einen schmalen Spalt, der wahrscheinlich seitwärts ins Freie führte. Grigia hatte feine Glieder, aber auch er, mit großer Gewalt, müßte sich da vielleicht durchzwängen können. Es war ein Ausweg. Aber er war in diesem Augenblick vielleicht schon zu schwach, um ins Leben zurückzukehren, wollte nicht oder war ohnmächtig geworden.

Zur gleichen Stunde gab, da man die Erfolglosigkeit aller Anstrengungen und die Vergeblichkeit des Unternehmens einsah, Mozart Amadeo Hoffingott unten die Befehle zum Abbruch der Arbeit.

Alifa Rifaat

MEINE UNBEKANNTE WELT

Das Leben ist voller Geheimnisse und unsichtbarer Kräfte. Es gibt andere Welten als die unsere, auch verborgene Bande und Strahlen; wenn sie die Geschöpfe zueinanderziehen, wirken sie aufeinander, vereinen sich oder stoßen sich ab. Vielleicht wird die Wissenschaft eines Tages die geheimnisvolle Verbindung dieser Welten enträtseln, wie sie Reisen zu anderen Planeten ermöglicht … wer weiß.

Ich habe zu einer dieser Welten Zutritt gefunden und in ihr gelebt und war mit ihren Geschöpfen durch Liebesbande verknüpft. Ich wechselte mit erstaunlicher Schnelligkeit zwischen unserer realen Welt und dieser anderen, verborgenen hin und her; an einem Tag konnte ich beiden Welten zugleich angehören, als lebte ich doppelt.

Begab ich mich in die Welt meiner Liebe, rief sie mich, und gab ich ihren Rufen nach, so ahnte niemand um mich herum, was mit mir geschah. Lediglich überkam mich ein Anflug von Mattigkeit, und ich bewegte mich wie im Halbschlaf. Sonst änderte sich an mir nichts. Ich wurde nur schweigsam und in mich gekehrt, obgleich ich soeben noch gesprächig war und darauf drängte, hinaus unter Menschen zu gehen. Ich sehnte mich dann nach Einsamkeit; bereit, dem Ruf zu folgen, wünschte ich mit allen Sinnen den Augenblick der Hingabe herbei.

1

Meine Liebe begann, als mein Mann in ein ruhiges, ländliches Städtchen versetzt wurde. Er war von seiner Arbeit sehr in Anspruch genommen und ließ mich vorausfahren, um rechtzeitig vor dem Antritt seiner neuen Stelle eine geeignete Wohnung zu finden. Er telegraphierte einem seiner zukünftigen Untergebenen namens Kamil und bat ihn, mich am Bahnhof abzuholen und mir behilflich zu sein.

Ich bestieg den Zug am frühen Morgen. Vor meinen Augen zogen Bilder eines Traumes vorbei, den ich in der Nacht gehabt hatte, während ich über die ausgedehnten Felder blickte, die Zugstrecke zwischen Stadt und Stadt überschlug, und auch die Entfernung zwischen der neuen Stadt, in der wir zu leben hatten, und dem geliebten Kairo.

Traumbilder schwebten vor meinen Augen und blieben beharrlich in meinem Gedächtnis haften, Bilder eines kleinen, weißen Hauses, umgeben von einem Garten mit Sträuchern voller gelber Blüten. Das Haus lag am Ufer eines breiten Kanals, darauf schwammen Gänse, und hohe Segelschiffe überquerten ihn. Ich wunderte mich über den Traum und dachte über ihn nach. Vielleicht war es ein Wunsch oder der Reflex eines Bildes aus dem Unterbewußtsein, das in mir gärte.

Als der Zug das Reiseziel erreichte, erwachte ich aus meinen Gedanken. Am Bahnhof wartete Kamil auf mich. Wir begannen gleich in seinem Wagen mit der Rundfahrt. Wir überquerten den ländlichen Markt. Zufrieden und zuversichtlich blickte ich auf die aufgetürmten Früchte und unterhielt mich fröhlich mit meinem Begleiter. Hinter dem Markt kamen wir auf die Uferstraße des Mansuriya-Kanals. Auf dem Kanal schwammen Gänse und fuhren Segelschiffe. Ich betrachtete sie unruhig und sehnsüchtig.

Kamil forderte den Fahrer auf, zu den Mietshäusern zu fahren, die die Provinzregierung für die Beamten errichtet hatte. Ich ließ meinen Blick zum gegenüberliegenden Ufer schweifen. Ein großes Schiff mit einem großen, flatternden Segel zog eben vorbei, hinter ihm kam ein weißes Haus zum Vorschein, ein Haus mit einem Garten, in dem Bäume mit gelben Blüten wuchsen, ein Haus, das dort ganz allein inmitten der weiten Felder stand. Verwundert schrie ich auf. Das Gefühl, schon einmal hier gewesen zu sein, durchfuhr mich.

»Fahren Sie zu diesem Haus«, rief ich dem Fahrer zu. Kamil schnellte hoch und widersprach energisch: »Nein, nein, das Haus wird nicht bewohnt. Fahren wir zu den Beamtenwohnungen.«

»Ich muß dieses Haus sehen«, rief ich beharrlich, als schlafwandelte ich in einem Traum.

»Nun gut«, erwiderte er, »aber es wird Ihnen nicht gefallen, es ist alt und muß instand gesetzt werden.«

Dann befahl er dem Fahrer, zu dem Haus zu fahren, wie ich es wünschte.

2

Am Gartentor stand eine junge Frau, schmächtig und weißhäutig. Ihren Hals umfaßten die fetten Beine eines dicken, schweren Kindes, das in einem zerschlissenen Kleid auf ihrem Kopf saß. Seltsam schweigend, wie festgenagelt, stand sie vor uns. Sie versperrte das Gartentor mit den Armen und blickte uns mit blöder Neugier an.

Ich nahm eine Süßigkeit aus meiner Tasche und streckte sie dem Kind entgegen. Es riß sie mir aus der Hand, preßte seine runden, lehmverschmierten Beine fest gegen den Hals der Frau und drückte ihr Gesicht in einer glücklichen Umarmung an sich. Auf ihren zusammengepreßten Lippen erschien fast etwas wie ein Lächeln.

Ich faßte Mut und sprach sie freundlich an: »Ich möchte gern das Haus besichtigen.«

Sie hielt entschlossen das Tor zu und sagte nur: »Nein.« Weiter nichts.

Ich wandte mich ratlos an Kamil.

Er ging auf sie zu, stieß sie heftig gegen die Brust, so daß sie taumelte: »Kannst du nicht sehen?« schrie er sie an. »Das ist die Frau des Direktors! Mach, daß du fortkommst!«

Sie senkte den Kopf, so daß das Kind beinahe vornüber gefallen wäre, und ging niedergeschlagen zum Ufer des Kanals.

Sie setzte sich auf die Erde, nahm ihr Kind auf den Schoß und stützte in stummer Ergebenheit den Kopf in die Hände.

Ich verspürte Mitleid mit ihr und protestierte: »Kein

Grund, gewalttätig zu werden, Herr Kamil. Wer ist diese Frau?«

Er zuckte die Achseln: »Eine Verrückte, eine Fremde. Aus Mitleid gab ihr der Hausbesitzer den Auftrag, das Haus zu bewachen, bis es wieder vermietet wird.«

Mit wachsendem Interesse fragte ich, ob der Besitzer wohl eine hohe Miete verlange.

Er lächelte undurchsichtig: »Bestimmt nicht. Jeder Mieter ist ihm sicher willkommen. Er stellt keine Bedingungen. Die Miete ist niedrig, nicht mehr als vier Pfund.«

Fast wäre ich vor Freude in die Luft gesprungen. Wer findet heute noch eine Wohnung zu einem solchen Preis! Ich eilte durch das Tor und durch das ganze Haus, Kamil hinterher: fünf geräumige Zimmer mit Holzböden, zusätzlich ein schönes Wohnzimmer, ein modernes Bad, eine geräumige Küche mit einer großen Veranda, die auf die weiten, grünen Felder hinausging, grün wie Pistazien, Reisfelder, reich bewässert. Eine kühle Brise wehte herüber und spielte mit der aufgehenden Saat und strich in auf und ab tanzenden Wellen über die schlanken Halme.

Ich kehrte in das erste Zimmer zurück; dessen große Terrasse ging auf den Weg hinaus, und von ihr aus konnte man zum anderen Kanalufer hinüberblicken, wo sich die Häuser des Städtchens ausbreiteten.

Kamil zeigte auf ein Haus auf der anderen Seite: »Das ist das Amtsgebäude, dahinter die Schule.«

»Gott sei Dank«, sagte ich fröhlich, »alles liegt in Reichweite. Der Markt ist auch nicht weit.«

»Ja«, antwortete Kamil, »und die Fischer werden an Ihre Tür klopfen und Ihnen den frischen Fisch anbieten, den sie mit ihren Netzen gefangen haben. Aber das Haus muß gestrichen und renoviert werden. Außerdem gibt es viele Gerüchte um dieses Haus; die Leute glauben, daß ein Dschinn und böse Geister in ihm wohnen.«

Ich aber beharrte: »In diesem Haus werden wir wohnen; wieviel wir auch für die Renovierung ausgeben müssen, wir verlieren nichts. Die billige Miete gleicht die Kosten aus. Sie werden sehen, wie schön das Haus wird, wenn ich erst den Garten in Ordnung gebracht und bepflanzt habe. Was den Dschinn und die bösen Geister angeht, so überlassen Sie es uns, wir sind noch besessener als sie!«

Wir lachten über diesen Scherz und verließen das Haus. Auf dem Weg zum Bahnhof einigten wir uns über alle notwendigen Reparaturarbeiten. Wieder in Kairo angekommen, telegraphierte ich meinem Mann, er solle von unserem bisherigen Wohnort die Möbel schicken lassen. Ich nannte ihm den Termin, an dem die Reparaturen abgeschlossen und das Haus fertig sein sollte.

3

Zum festgesetzten Termin fuhr ich ein zweites Mal hin und stellte fest, daß alles wunschgemäß ausgeführt worden war. Das Haus war sehr hübsch geworden, alle Zimmer in einem freundlichen Orangeton gestrichen, die Böden abgezogen und gebohnert, der Garten gesäubert und in Beete aufgeteilt.

Ich nahm die Schlüssel in Empfang, Kamil verabschiedete sich, um seine eigenen Dinge zu erledigen. Zuvor hatte er mir einen Stuhl auf die vordere Terrasse gestellt. Ich streckte mich behaglich darauf aus und wartete auf den Möbelwagen. Erfreut betrachtete ich die beiden Ufer mit ihren hohen Bäumen, die wie zwei Reihen von Wächtern aussahen, zwischen denen die großen Segelschiffe hin- und herfuhren. Ein Gänserich glitt durchs Wasser und führte eine Gänseschar an. In der Mitte des Kanals drehte er sich und hofierte reihum die Gänse hinter sich wie ein Sultan inmitten seines Harems.

Entspannt schloß ich die Augen. Im Geist griff ich der Zeit voraus und stellte mir vor, welche Freude mir dieses Haus bereiten würde, wenn es eingerichtet und der Garten aufgeblüht wäre.

Ich erwachte von der Berührung feuchter Finger, die mich leicht an der Schulter rüttelten. Ich erschrak und starrte auf die weißhäutige Frau mit ihrem Kind auf dem Kopf. Sie stand vor mir und blickte mich schweigend an. Ich sagte streng: »Was willst du? Wie bist du hereingekommen?«

Sie brachte zwischen ihren Fingern einen Schlüssel zum Vorschein und sagte schlicht: »Damit.«

Ich riß ihr den Schlüssel aus der Hand und fuhr sie an: »Gib ihn her, wir haben das Haus gemietet. Du hast kein Recht hereinzukommen.«

»Ich habe noch viele Schlüssel«, sagte sie kurz.

»Und was hast du vor?« fragte ich neugierig.

»Ich will in diesem Haus bleiben. Sie sollen fortgehen.«

Ich lachte verwundert und fragte mich, ob sie nicht doch verrückt sei. Schließlich sagte ich ungeduldig:

»Hör gut zu, ich werde nicht von hier fortfahren, und du wirst dieses Haus ohne mein Einverständnis nicht mehr betreten. Mein Mann ist schon unterwegs mit den Kindern. Gleich kommen unsere Möbel. Wir werden hier wohnen, solange mein Mann in dieser Stadt arbeitet.«

Sie sah mich bestürzt an und schwieg lange. Dann sagte sie: »Gut, Ihr Mann soll hier mit mir wohnen, und Sie sollen fortfahren.«

Trotz meiner Verblüffung fühlte ich Mitleid mit ihr, und so sagte ich sanft: »Ich will dir des Kindes wegen erlauben, bei uns zu bleiben, bis du eine andere Unterkunft gefunden hast, und wenn du dich an der Hausarbeit beteiligen magst, so will ich dich nicht schlecht bezahlen.«

Sie schüttelte den Kopf und sagte mit einem seltsamen Nachdruck: »Ich bin keine Dienerin, ich heiße Anisa. Bleiben Sie nicht hier.«

Ich nahm meinen ganzen Mut zusammen und nahm mir ein Beispiel an Kamils Entschlossenheit, mit der er sie behandelt hatte. Ich stand auf und stieß sie gegen die Brust, dabei packte ich die Hand des Kleinen und schrie ihr ins Gesicht: »Hinaus, komm nicht mehr in die Nähe des Hauses! Gib mir alle Schlüssel. Ich lasse die Hand deines Jungen nicht los, bevor du mir nicht alle Schlüssel gegeben hast!«

Mit steinernem, unbeweglichem Gesicht zog sie eine Kette mit Schlüsseln aus ihrem Ausschnitt und warf sie in meine Hand.

Sie löste die Hand des Kleinen aus meinem Griff, setzte ihn wieder gerade auf ihren Kopf und schickte sich an zu gehen.

Ich bereute mein grobes Verhalten. Ich holte einige Piaster aus meiner Tasche und drückte sie dem Kleinen in die Hand. Doch mit demselben starren Schweigen nahm sie sie aus der Hand des Kindes wieder heraus und gab sie mir zurück. Dann ging sie, ohne sich umzuwenden, fort. Ich schloß die Tür und schob den Riegel vor. Dann setzte ich mich, verstört, mit angespannten Nerven, und wartete.

Mein Mann traf ein, die Möbel kamen. Mehrere Tage lang war ich ganz damit befaßt, das Haus einzurichten. Mein Mann wandte sich seiner Arbeit zu, die Kinder knüpften neue Freundschaften. Wir vergaßen ganz die Geschichte mit Anisa, bis mein Mann eines Abends nach Hause kam und verärgert die Hände zusammenschlug.

»Diese Anisa«, rief er, »diese Frau! Stell dir vor, seit wir hier wohnen, schleicht sie jede Nacht um das Haus, heute abend stellte sich diese Verrückte mir in den Weg und flüsterte mir zu, ich solle dafür sorgen, daß du von hier wegfährst, damit sie hier mit mir zusammen wohnen könne. Die Frau ist völlig von dem Haus besessen. Ich habe Angst, sie könnte die Kinder belästigen oder euch tätlich angreifen.«

Scherzend erwiderte ich, die in mir aufsteigende Eifersucht verbergend: »Warum bist du eigentlich wütend? Sie ist eine hellhäutige Frau, nicht ohne Schönheit, ein Geschenk Gottes an deiner Türschwelle!«

Er lächelte spöttisch, griff zum Telefonhörer und murmelte: »Der Herr möge ihr gnädig sein.« Er rief die Polizei an und forderte sie auf, die Frau festzunehmen und aus der Stadt zu weisen. Ich lief auf den Balkon, als ich den Polizeiwagen hörte, und sah, wie man sie wegbrachte. Die armselige Frau widersetzte sich nicht. Sie ergab sich mit einer sanften, fast mitleiderregenden Trauer, wie es ihre Gewohnheit war. Als sie mich erblickte, wandte sie sich weinend nach mir um, zeigte auf die Hauswand und rief mir zu: »Ich lasse sie Ihnen!«

Ohne daß es mir bewußt wurde, schrie ich: »Wen, Anisa?«

Sie zeigte noch einmal auf den unteren Teil des Hauses und sagte: »Sie!«

Der Wagen brachte sie fort. In dieser Nacht konnte ich nicht schlafen. Kaum war der Morgen angebrochen, lief ich in den Garten, um nach meinen Beeten und Pflanzen zu schauen. Ich ging um das Haus herum und betrachtete die Wände neugierig prüfend. Ich entdeckte nichts als einige Risse in der Mauer. Das Haus war alt, ich lachte über einen flüchtigen Anfall, der mir in den Kopf gekommen war. Konnten unter der Mauer Juwelen vergraben sein, wie es die Märchen erzählten?

Wer mochte »sie« sein? Was war das Geheimnis dieses Hauses? Und wer war Anisa? Ob sie tatsächlich verrückt war? Wo sie und ihr Sohn jetzt wohl lebten? Anisas Fall beschäftigte mich immer mehr, ich bedrängte meinen Mann mit meinen Fragen, bis er mir einige Auskünfte über sie bringen konnte. Nach den Informationen der Polizei war sie die Frau eines wohlhabenden Lehrers aus einer nahe gelegenen Stadt. Eines Abends hatte er sie beim Ehebruch überrascht. Aus Angst war sie mit ihrem Sohn geflohen und in diese Stadt gekommen. Warum sie gerade in diesem Haus Zuflucht suchte, wußte niemand. Der Besitzer des Hauses hatte Mitleid mit ihr gehabt und überließ ihr das Haus, solange es nicht vermietet war. Ein gutherziger Mann setzte sich für sie ein und sorgte dafür, daß sie in die Liste der Sozialhilfeempfänger aufgenommen wurde. Es entstanden viele Geschichten und Gerüchte um sie, die ihr nächtliches Leben betrafen. Ging man an dem Haus vorbei, so hörte man sie mit Unbekannten sprechen. Sonst zeigte sie keine Anzeichen der Verstörtheit, nur, daß sie tagsüber zum Schweigen und zur Abgeschiedenheit neigte und ständig in ihrer Traumwelt lebte. Sie kehrte zu ihrer Familie zurück, nachdem die Polizei diese dazu überredet hatte, sie um der Ehre willen wieder bei sich aufzunehmen.

4

Die Tage vergingen. Die Geschichte mit Anisa versank in Vergessenheit. Der Winter kam, es regnete in Strömen. Die Pflanzen im Garten gediehen, nur die Rizinussträucher wurden trocken, und ihre gelben Blätter fielen ab. Ich genoß es, auf dem Küchenbalkon zu sitzen und meine Blumen und grünen Pflanzen zu betrachten, ich freute mich über die Sonne, die Sonnenstrahlen, die durch die Wolken drangen und meinen Balkon mit Wärme und Licht überfluteten.

An einem sonnigen Vormittag zog ein Zweig an einem nahen Baum meine ganze Aufmerksamkeit auf sich. Seine Äste waren schön gewachsen, obgleich ihre dunkle Rinde von der Trockenheit aufgeplatzt war. Mein Blick wurde von etwas angezogen, das sich anmutig und sanft um die Spitze des Zweiges schlang. Gelbe, rote und dazwischen schwarze Ringe krochen über den Zweig wie ein langes, glattes Rohr mit einem kleinen, verzierten Kopf und zwei blitzenden, lauernden Augen.

Die Schlange wand sich in Spiralen und hintereinanderlaufenden Kreisen um sich selbst, dann streckte sie ihren Körper weit aus und bewegte sich vorwärts. Ich war von dem Anblick überwältigt und spürte einen Schrecken, der mir das Blut in den Adern stocken und meine Glieder erstarren ließ.

Meine Sinne waren wie bestäubt, mein Geist dagegen war von einem seltsamen Rausch erfaßt, gebannt von der erregenden Schönheit dieser Schlange. Ich blieb wie angewurzelt an meinem Platz und schwankte zwischen zwei Gedanken, die in mir kämpften: sollte ich einen Gegenstand aus der Küche holen und sie erschlagen, oder sollte ich diesen seltenen Anblick von Schönheit genießen?

Als hätte die Schlange meine Gedanken lesen können, hob sie den Kopf und drehte ihn, hinreißend kokett, bald nach rechts, bald nach links. Dann lächelte sie mir zu und zeigte zwei kleine Zähne wie Perlen, und eine goldgelbe Zunge, dünn wie der Zweig eines Arak-Strauches. Ihre Augen bohrten sich in meine, ein schneller, befehlender Blick … Ich dachte nicht mehr daran, sie zu erschlagen. Mich erfaßte ein Strom, ein Strahl ging von ihren Augen aus, drang in mein Herz und befahl mir, an meinem Platz zu bleiben. Etwas in meinem Innern warnte mich immer noch, aber ihre Schönheit bezauberte mich und lähmte meine Glieder, so daß ich bewegungslos dasaß, sie anschaute, mit liebenden, schwärmerischen Augen. Wie eine schamhafte Jungfrau ihre blühende Schönheit versteckt, wenn sie bewundert wird, wandte sie sich, von der betörenden Wirkung ihrer Schönheit überzeugt, kokett um, zog sich geräuschlos zurück und verschwand in einer Mauerspalte. Sollte die Schlange »sie« sein, die Anisa am Tage ihrer Abreise im Sinn hatte?

Schließlich erhob ich mich mit dem unwiderstehlichen Gefühl, daß ich auf eine neue Welt und ein neues Schicksal blickte oder, wenn man so will, daß ich an der Schwelle einer neuen Liebe stünde. Ich legte mich auf das Bett und träumte. Wie die Zeit verging, merkte ich nicht.

Kaum hörte ich jedoch meinen Mann und die Kinder, die mittags lärmend nach Hause kamen, empfand ich mich wieder als Mensch, der sich vor Gefahren ängstigt und der auf seine Gattung und deren Fortbestand pocht. Ich schrie besinnungslos: »Eine Schlange! Wir haben eine Schlange im Haus!«

Mein Mann griff zum Telefon, es kamen Männer und durchsuchten das Haus. Ich zeigte ihnen die Spalte, in der die Schlange verschwunden war. Obgleich ich unter Gewissensbissen und dem Gefühl des Verrats litt, verriet ich doch den Geliebten und hetzte gegen ihn auf, nachdem er sich mir anvertraut und sich neben mir sicher gefühlt hatte.

Die Männer fanden keine Spuren. Sie verbrannten Weihrauch aus Schih-Pflanzen, aber ohne Erfolg.

Darauf rief mein Mann Scheich Farid, das Oberhaupt der örtlichen Rifaiya-Zunft. Er rezitierte lange Koranverse und schlug mit einem Stab auf den Boden, dann bat er darum, mit mir allein sprechen zu dürfen.

»Gnädige Frau«, sagte er, »die Herrin des Hauses hat Sie berührt. Was Sie gesehen haben, war keine Schlange, es war einer der Könige der Erde, Gott gebe, daß unsere Worte ihn nicht stören. Ihnen ist einer in Gestalt einer Schlange erschienen. In diesem Haus gibt es viele Schlangenlöcher, diese Schlangen sind harmlos, sie wohnen in den Häusern und schlüpfen nach Belieben heraus. Doch die, die Sie gesehen haben, war etwas anderes.«

»Ich glaube kein Wort«, sagte ich beklommen. »Das sind doch Hirngespinste. Es gibt, das weiß ich, die Welt der Dschinnen. Aber es gibt keine Verbindung zwischen ihnen und unserer Welt.«

Er lächelte geheimnisvoll. »Meine Tochter«, sagte er, »der Prophet ist ihnen in ihrem Reich erschienen und hat ihnen den Koran vorgelesen. Unter ihnen gibt es Rechtschaffene und Muslime. Woher wissen Sie, daß es zwischen uns und ihrer Welt keine Verbindung gibt? Flehen Sie zu Gott – ›Oh Herr, vermehre mein Wissen‹ –, und seien Sie besonnen. Ihre reine Seele hat Ihnen Türen geöffnet, durch die können Sie Welten betreten, die außer unserem Schöpfer niemand kennt. Haben Sie keine Angst, selbst wenn Sie sie irgendwann nachts in Ihrem Bett finden, erschrecken Sie nicht, sondern sprechen Sie sie mit Würde und Sanftmut an.«

»Großer Gott«, sagte ich erschrocken, »genug. Scheich Farid, genug, vielen Dank.« Dann ging er.

Wir setzten uns, um zu beratschlagen. Mein Mann meinte: »Laß uns praktisch werden, wir verstopfen alle Ritzen in den Außenwänden, spannen Drahtgitter vor die Fenster und pflanzen Wermut um die Gartenhecke.«

Obwohl wir das taten, wagte ich mich nicht mehr auf den Balkon hinaus. Ich vernachlässigte meinen Garten und ging auch nicht mehr darin umher. Meine freie Zeit verbrachte ich meist im Bett.

Ich veränderte mich. Ich neigte nun zum Müßiggang und zum Alleinsein. Selbst Vergnügungen und Ausflüge, die mir früher Spaß gemacht hatten, bereiteten mir nun kein Vergnügen und keine Freude mehr. Ich wollte nur noch auf dem Bett liegen und nachdenken, und dabei fragte ich mich ratlos, ob ich liebte. Aber wie konnte ich eine Schlange lieben? Oder war sie etwa doch die Tochter der Könige der Dschinn? Wenn ich aus meinen Gedanken erwachte, stellte ich fest, daß es mich wieder nach ihrer Schönheit verlangte, und jedesmal fragte ich mich erneut, worin das Geheimnis ihrer Schönheit lag. Hatte mich ihr schmiegsamer, spiralig gewundener, schimmernder Körper bezaubert? Oder der blitzende, kluge und gleichzeitig befehlende Blick? Oder war es etwa diese erregend gefährliche, weiche und geschmeidige Glätte, die mich faszinierte?

Erregend gefährlich! Es mußte diese Erregung sein, die meine innersten Gefühle geweckt hatte. Drehte man nicht Filme um des Schreckens und der Erregung willen? Ohne Zweifel war das das Geheimnis meiner Liebe, und der Grund meiner ständigen Beschäftigung mit ihr lag in der Erregung, die dieser außergewöhnliche Schrecken in mir ausgelöst und das Verlangen nach ihr wachgerufen hatte. Bei der Erinnerung an sie wurde die Erregung jedesmal so stark, daß mir das Blut heiß durch die Adern schoß, und mein Herz klopfte so heftig, daß ich keuchte, und meine Glieder ermatteten.

Dann legte ich mich, von einer süßen Betäubung ergriffen, nieder, und mein Verlangen nach ihr erwachte. Ich sehnte mich nach der Berührung ihres spiralig gewundenen Körpers und nach ihrer geschmeidigen, gleitenden Bewegung.

Wie wohl könnte die Vereinigung geschehen und das Verlangen gestillt werden? Wie könnten eine Frau und eine Schlange in Sinnlichkeit und Lust sich vereinigen? Und liebte sie mich überhaupt? Begehrte sie mich so wie ich sie? Der Gedanke bedrängte mich, ob Kleopatra, dieser Mythos der Leidenschaft, sich ihrer Schlange hingegeben hatte, als sie der Männer überdrüssig geworden war und ihre Liebesabenteuer sie langweilten. Konnte sie, die Übersättigte, nichts anderes mehr reizen als das Gefühl des Schreckens, konnte sie nichts anderes mehr in Erregung versetzen als die Bisse einer Schlange? War ihr letzter Liebhaber eine Giftschlange, die sie tötete?

Mein Leben wurde zu einer ständigen Qual, denn ein unerklärliches Verlangen und eine seltsame Sehnsucht brannten in mir und zerrissen mich innerlich. Ich mußte ja auch meinen Verpflichtungen nachkommen und die Verantwortung tragen, die auf mir lastete als Frau eines Mannes, der in dieser kleinen Stadt ein nicht unbedeutendes Amt innehatte. Er stand mit seiner Familie im Blickpunkt der Öffentlichkeit, sein Haus war ein Anziehungspunkt für Antragsteller und Interessenten jeglicher Art. Als Mutter war ich für die Erziehung der Kinder verantwortlich und hatte die Pflicht, mich mit ihrem Leben und mit ihren Sorgen in allen Einzelheiten vertraut zu machen, um sie zu lenken. Dazu kam das Haus und alles, was damit zusammenhing, dieses Haus, in dem die verborgene Geliebte wohnte, die einer anderen Welt angehörte. Wie sollten wir uns vereinigen? War meine Sehnsucht nach dieser Liebe eine Sünde?

Je häufiger ich mich dies fragte, desto größer wurde mein Verlangen, und jedesmal, wenn ich wieder daran dachte, entbrannten in mir Begierde und Neugier. Gehörte die Schlange nun zur Welt der Reptilien oder zur Welt der Dschinne? Wann würde ich ihr begegnen? Würde sie mich wahrnehmen und ob meiner verzehrenden Sehnsucht aus Mitleid zu mir zurückkommen?

5

An einem düsteren, stürmischen Vormittag, es regnete in Strömen, die Tropfen prasselten gegen das Fenster, zündete ich den Heizofen an und legte mich ins Bett unter schwere Decken. Ich suchte Schutz vor einem heftigen Zittern, das den Schmerz meines sehnsüchtig rufenden Körpers, der vor ungestilltem Verlangen brannte, noch größer werden ließ.

Ich hörte ein leises Knistern, das aus dem Mauerwinkel neben meinem Bett kam, ich blickte hin und heftete meine Augen an ein Loch in der Wand und sah, wie es sich ganz langsam vergrößerte. Ich schloß meine Augen, mein Herz schlug heftig vor Freude. Mein ganzes Inneres brodelte vor Sehnsucht und Verlangen. In mir erwachte die Hoffnung auf eine Begegnung. Ich lehnte mich zurück, mich dem ergebend, was kommen würde. Es kümmerte mich nicht mehr, ob die

Liebe aus der Welt der Reptilien, der Kriechtiere oder aus der Welt der Dschinne, der Könige des Erdreichs, käme. Selbst wenn es mein Verderben wäre… Dies war die Liebe… Meine Sehnsucht nach ihr war groß und mein Verlangen stark.

Ich hörte ein Zischen, das näher kam, dann wurde es zu einem leisen Flüstern an meinem Ohr, das zu mir sprach: »Ich bin die Liebe, o meine Schöne… Ich habe dir im Traum mein Haus gezeigt… Ich habe dich in mein Haus gerufen, als deine Seele im Traum wandelte… Komm zu mir, süße Geliebte… Komm, laß uns in die Tiefen des azurblauen Meeres der Wonne tauchen… Dort, auf dem korallenroten Meeresgrund zwischen den schattigen, kühlen Felsen, wo die tiefe, schöne Stille herrscht, dort ist unser Lager mit weicher, kastanienbrauner Seide bezogen… Mit Perlen besetzt, die den Muscheln gerade geraubt wurden… Komm, ich will mich dir hingeben, so wie ich mich im Lauf der Zeiten schönen Frauen hingegeben und sie glücklich gemacht habe… Laß mich deine Perle aus ihrer Muschel lösen… Daß sie in ihrer ganzen Schönheit glänze… Komm mit, wo uns niemand findet, niemand sieht… Die unschuldigen Augen der in der Tiefe Vorbeischwebenden nehmen nicht wahr, was wir tun, und verstehen nicht, was wir sagen… Dort ist die Erfüllung all deiner Sehnsüchte und Heilung all deiner Leiden… Komm ohne Angst oder Furcht, dort, in unserer verborgenen Welt, erreicht uns kein Geschöpf, allein das Auge Gottes sieht uns… Er allein weiß, was wir fühlen, und er beschützt uns.«

Ein Rausch ergriff mich bei diesem sanften, wohlklingenden Flüstern… Ich fühle sie kühl, glatt und

weich; ihre Kühle erweckte ein schmerzhaftes, qualvolles Zittern in meinem Körper, das mich erschauern ließ. Ich fühlte, wie sie zwischen die Decken glitt… Dann begannen zwei kleine Zähne wie zwei Perlen, meinen Körper zärtlich zu reizen; an meinen Schenkeln angelangt, bohrte sich eine goldgelbe Zunge zwischen sie wie ein Arak-Zweig, schlank und spitz, und begann zu saugen und auszuhauchen… Sie saugte das Gift meines Verlangens auf und hauchte den Nektar der Ekstase in mich, bis mein ganzer Körper bebte und in heftigen Stößen erzitterte… lustvoll bis zur Ekstase. Und immer hörte ich diese leisen und klangvollen Töne, geflüsterte Worte der Liebe und Zärtlichkeit, und ich erwiderte sie voller Zuneigung und Sehnsucht.

Schließlich entschlüpfte die kühle Berührung und ließ mich erschöpft zurück. Ich versank in tiefen Schlaf, wachte um die Mittagszeit wieder auf, voller Energie, lebensfroh und aufgeschlossen, das Verlangen erwachte wieder und die Neugier zu wissen, wer sie war… Ich schaute in die Ecke und sah ein großes, offenes Loch. Doch da überkam mich meine Angst wieder, und ich zeigte meinem Mann etwas verwirrt und stammelnd den Riß in der Wand, obwohl der Schrecken meine Begierde neu entfachte und ich die Liebe wieder in mir spürte. Mein Mann füllte den Riß mit Zement und ging zu Bett.

Es wurde Morgen, alle verließen das Haus. Ich beendete die Hausarbeit und ging gelangweilt durch die Zimmer des Hauses… Kämpfte dagegen an, mich dem Schlaf zu ergeben… Ich setzte mich ins Wohnzimmer, und da erschien sie vor mir, zart wie ein Engel, hell wie der Tag, in weichen, wellenähnlichen Windungen... Mit betörendem Flüstern rief sie mich. »Meine liebe Braut, ich habe dich gerufen, in mein Haus geholt, ich habe dich geheiratet. Unsere Liebe ist nicht sündig oder verwerflich, ich bin die Wächterin dieses Hauses und gebiete über die Schlangen und Vipern, die es bewohnen... Komm, ich zeige dir, wo sie sind. Fürchte nichts, solange wir zusammen sind und zwischen uns Eintracht herrscht. Bring Töpfe mit Wasser, ich lege meine Finger auf deine Hand, wir lesen zsammen die Verse Gottes... Dann besprengen wir die Mauerspalten und versperren ihnen so die Ausgänge. Das soll ein Pakt zwischen uns sein, daß eure Hände ihnen kein Leid zufügen.«

Sehnsüchtig sagte ich: »Dann bist du also einer der Könige der Dschinne... Warum hast du mir nicht Schätze und Reichtümer gebracht, wie sie in den Fabeln versprochen werden, wenn ein Mensch mit einem Dschinn einen Bund schließt?«

Sie lachte und schüttelte ihr goldenes Haar, das wie Lichtstrahlen leuchtete; sie flüsterte zärtlich: »Wie gierig der Mensch doch ist. Sind Genuß, Sinnesfreude und Glück nicht genug? Brächte ich dir Schätze und Reichtümer, würden wir beide zusammen zu Asche verbrennen.«

»Nein, nein«, rief ich entsetzt, »Gott bewahre, mich verlangt es nicht nach sündhaftem Reichtum. Ich habe dich nur prüfen wollen, um einen Beweis dafür zu haben, daß ich mich nicht täusche und nicht nur in einem Traum befangen bin.«

Sie erwiderte: »Müssen verständige Menschen immer etwas Greifbares als Beweis haben? Glaubst du nicht an die Macht Gottes, Leben und Welten zu erschaffen? Weißt du nicht, daß es für dich eine Existenz in anderen Welten gibt, außerhalb des Materiellen und Vergänglichen? Nun gut, wenn du einen Beweis verlangst, dann nähere dich mir so, wie ich mich dir nähere… Meine Berührung wird dir Lebenskraft geben und dich erneuern… Deine Jugend wird dir erhalten bleiben… Ich schenke dir ewige Jugend und Liebeslust… Sie sind in dieser Welt wertvoller als Geld und Reichtum. Wieviel Reichtümer haben Frauen dafür verschwendet! Ich schöpfe meine Kraft aus der Heilkraft deines Verlangens, das ich in mich einsauge. Davon lebe ich.«

Staunend sagte ich: »Ich dachte, deine Vereinigung mit mir sei um der Liebe willen geschehen, nicht um dich zu nähren, dich zu erneuern, und um der ewigen Jugend und Lebenskraft willen.«

»Aber die liebende Vereinigung«, sagte sie, »ist nichts anderes als Nahrung für den Körper, ein Tausch von Leben, denn das ist es, was den Menschen glücklich macht, was das Geheimnis der Freude und des Genusses ist…«

Ihre lichtdurchflutete Hand glitt über meinen Körper wie ein Lichtstrahl… Ich fühlte Wärme und Mattigkeit.

»Ich bin krank«, sagte ich und wiederholte es immer wieder.

Mein Mann hörte mich und rief den Arzt. Der konstatierte erhöhten Blutdruck, Herzrhythmusstörungen und nervliche Überanspannung, verschrieb einige Mittel und ging…

Wie wenig die Ärzte doch verstehen. Mein Arzt hatte nicht gemerkt, daß er die Symptome der Leidenschaft beschrieben hatte und daß sie die Ursache meiner Krankheit war. Aber ich wußte, woran ich litt, und auch, was mich heilen würde, und zeigte daher meinem Mann das große Loch in der Wand.

Er stopfte es noch einmal zu, und wir stellten das Bett in eine andere Ecke.

Tage vergingen, dann fand ich neben meinem Bett ein neues Loch.

Meine Geliebte näherte sich mir und flüsterte mir zu: »Warum zierst du dich, meine Braut, und versuchst, mir auszuweichen? Ist es Furcht oder Abneigung? Genießt du nicht unser Vereintsein? Warum suchst du die Ferne?«

Ich flüsterte ihr zu: »Du quälst mich ... Deine Liebe peinigt mich, und die Sehnsucht nach deinen Genüssen peinigt mich ... Ich fürchte, in einen Abgrund zu fallen und ins Verderben zu stürzen.«

»Geliebte«, sagte sie, »ich werde dir nur in reinster, makelloser Schönheit erscheinen.«

Hastig antwortete ich: »Ein Mann mußt du sein, wenn du auf deiner Liebe zur mir bestehst.«

»Aber die vollkommene Schönheit ist nur der Frau eigen«, entgegnete sie. »Ergib dich, ich lasse dich ungeahntes Glück erleben. Ich führe dich in Welten von unvorstellbarer Schönheit.«

Ihre Finger streichelten mich, ihr zarter Mund saugte das Gift des Verlangens ein und hauchte den Nektar der Lust in mich hinein. Ich sank in köstliche, beglückende Trance.

Alsdann begann eine über alle Maßen beglückende Liebesbeziehung. Wir durchwanderten unsere Welten, lebten in Sphären blendender Schönheit, in Sphären aus leuchtenden, immerwährend hell strahlenden Juwelen in tausend Formen und Farben.

Das Loch in der Wand kümmerte mich nicht mehr, ich fühlte mich weder matt noch krank, in mir war eine neue Kraft aufgeflammt… Gelegentlich nahm ich eine Handvoll Wermut und stopfte ihn zum Spaß in den Riß… So wie eine Verliebte ihren Geliebten neckt, ihm das Fenster vor der Nase schließt, um seine Gefühle anzustacheln, so daß er zur Tür eilt… Danach setzte ich mich genüßlich und beobachtete, wie ein unsichtbarer Atem das Wermut-Pulver in spiralförmigen Kreisen wegblies, bis das Loch ganz frei war. Alsdann legte ich mich erwartungsvoll auf das Bett zurück.

Monate vergingen, in denen ich in meine Welt versunken war. Ich hatte kein Zeitgefühl mehr, ich zählte die Tage nicht.

Eines Morgens trat mein Mann auf den Balkon, der hinter der geliebten Wand gelegen war, an der mein Bett stand. Plötzlich hörte ich, wie er voll Schrecken laut um Hilfe rief. Wir liefen alle hinaus und fanden ihn mit einem blutverschmierten Stock in der Hand und sahen eine häßliche, schwarze Schlange, beinahe zwei Meter lang, die blutig zu seinen Füßen lag.

Ich schrie auf, und mein Herz klopfte zum Zerspringen vor Trauer und Schmerz… Ich schrie meinen Mann in wahnsinnigem Zorn an: »Warum hast du den Pakt gebrochen und sie getötet? Was hat sie uns getan? Wie unbarmherzig ist der Mensch… Er läßt kein Geschöpf in Ruhe und Frieden leben!«

Ich verbrachte eine traurige Nacht… lauschte angstvoll. Dann kam meine Geliebte. Sie umarmte mich wie noch nie zuvor …

Demütig flüsterte ich: »Hab Erbarmen mit mir. Zürnst du mir, oder trauerst du um mich?«

»Es ist die Stunde des Abschieds«, antwortete sie, »ihr habt den Pakt gebrochen … Ihr habt einen meiner Untertanen heimtückisch umgebracht, geht fort von hier … In diesem Haus lebt nur die Liebe.«

Am nächsten Morgen packte ich unseren Haushalt zusammen, um in eine der Beamtenwohnungen umzuziehen. Wir verließen das Haus, in dem ich die Liebe erfahren und ein seltenes Glück erlebt hatte.

Ich lebe immer noch in meiner Erinnerung und hoffe. Ich sehne mich nach dem Haus und nach der verborgenen Liebe. Wer weiß? Vielleicht kehrt meine Geliebte eines Tages zurück und ruft mich?

Wer weiß?

QUELLENNACHWEIS

Bretonisches Märchen, Die Groac'h von der Insel Lok

Bretonische Märchen, hg./übers. Ré Soupault, Eugen Diederichs Verlag, Düsseldorf/Köln 1959.

Michail Lermontow (1814–1841), Taman

Michail Lermontow, Ein Held unserer Zeit, Insel Verlag, Frankfurt a. M. 1989.

Galicisches Märchen, Der Baum der drei Orangen

Der Märchenpalast. Zweites Buch, hg. Ulf Diederichs, Droemersche Verlagsanstalt Th. Knaur Nachf., München 1992.

Jacob und Wilhelm Grimm (1785–1863; 1786–1859), Lohengrin zu Brabant

Brüder Grimm, Deutsche Sagen, Winkler Verlag, München 1956.

Marie de France (um 1130–um 1200), Der Werwolf (Bisclavret)

Novellen und Fabeln (übers. Ruth Schirmer), Manesse Verlag, Zürich 1977.

Konrad von Megenberg (1309–1374), Das gefangene Einhorn. Aus dem Buch der Natur

Konrad von Megenberg, Das Buch der Natur, hg. Franz Pfeiffer, Verlag von Karl Aue, Stuttgart 1861, neuhochdt. Fassung Ursula Schulze.

Hugo von Trimberg (um 1235–nach 1313),
Das drohende Einhorn. Eine Parabel

Hugo von Trimberg, Der Renner, hg. Gustav Ehrismann, Tübingen 1908 [Neudr. Walter de Gruyter & Co., Berlin 1970], neuhochdt. Fassung Ursula Schulze.

James Thurber (1894–1961), Das Einhorn im Garten

James Thurber, 75 Fabeln für Zeitgenossen, übers. von Ulla Hengst u. a., Rowohlt Verlag, Reinbek bei Hamburg 1991.

Eduard Mörike (1804–1875), Die Hand der Jezerte

Eduard Mörike, Sämtliche Werke, Band I, Artemis & Winkler Verlag, Düsseldorf/Zürich 1997.

Prosper Mérimée (1805–1870), Die Venus von Ille

Prosper Mérimée, Sämtliche Novellen, übers. Walter Widmer u. a., Artemis & Winkler Verlag, München 1982.

Robert Musil (1880–1942), Grigia

Robert Musil, Drei Frauen in: Sämtliche Erzählungen, Rowohlt Verlag, Reinbek bei Hamburg 1983.

Alifa Rifaat (geb. 1930), Meine unbekannte Welt

Alifa Rifaat, Zeit der Jasminblüte, übers. Nagi Naguib, Band I, Unionsverlag, Zürich 1988.